W0353150

Dieses Taschenbuch, das erste türkisch-deutsche der Reihe dtv zweisprachig, enthält neun Erzählungen, die innerhalb der letzten zwanzig Jahre erschienen sind, bietet also nicht gerade einen Überblick, aber doch einen ersten Einblick in die heutige türkische Literatur. Das Buch ist in dreierlei Hinsicht für uns wichtig und interessant:

– Es macht auf eine neue Provinz der Weltliteratur aufmerksam (in der manche Autoren sich noch an auswärtigen Erzählern orientieren, andere aber bereits ganz Eigenes gestalten)

– Es läßt erkennen – oder wenigstens ahnen –, was für ein immenses Problem das Zusammenfügen orientalischer Traditionen mit den Bedürfnissen und Forderungen der westlich geprägten modernen Welt ist (zum Beispiel mit der Emanzipation)

– Es bietet dem Türkisch-Lernenden schönen Übungsstoff, verlockend bequem aufbereitet durch die Gegenüberstellung von Originaltext und Übersetzung.

dtv zweisprachig · Edition Langewiesche-Brandt

ÇAĞDAS TÜRK ÖYKÜLERI

ZEITGENÖSSISCHE TÜRKISCHE ERZÄHLUNGEN

Auswahl und Übersetzung von Wolfgang Riemann

dtv

Deutscher Taschenbuch Verlag

Deutscher Taschenbuch Verlag GmbH & Co. KG, München
Originalausgabe August 1990
© bei den Autoren
© für die Übersetzung: Deutscher Taschenbuch Verlag
Umschlaggestaltung: Celestino Piatti
Satz: FoCoTex Klaus Nowak, 8137 Berg 3
Gesamtherstellung: Kösel Kempten
ISBN 3-423-09272-6. Printed in Germany

Ferit Edgü
Üç düş/üş

I

Bir kuşum. Uçuyorum. Boşlukta süzülmekten duyduğum mutluluktan soluğum tıkanacak gibi.

Uyku ile uyanıklık arasındaki anda (o ara-bölgede) kuş değilim, kuş olmadığımın bilincindeyim, bir başka deyişle kuş olmadığını bilen, ama bir kuş olan, bir kuş gibi uçabilen, boşlukta süzülen bir yaratığım. (İnsan?) Kuş olmadığını biliyorsun, diyorum kendi kendime. Uçtuğuna aldanma, bir insansın. Gördüğün bir düş. Düşte insan da uçabilir. Ama bir kuş olarak değil, diye yanıtlıyorum kendi kendimi.

Yalnızım yatağımda. Tartışma biter bitmez yeniden uykuya dalıyorum. Yeniden boşlukta süzülen bir kuşum. Bir pike yapıyorum. Kanatlarım suya değdi-değecek (altımda bir göl var). Bir kanat çırpışıyla yükseliyorum. Soluğum tıkanana değin yükseliyorum. Sonra yeniden bir pike. Pike ... kendini bırakmak demek. Kanat çırpmadan. Havadan ağır olan bedenin, yeryüzüne doğru süzülüşü. Bu süzülüşte, göl kıyısındaki kamışların ardında bir avcı görüyorum. İki kanat çırpışı... yeniden havalanıyorum. Ama ne o, bir patlama ve göğsümde bir acı.

Dengemi yitiriyorum. Güçsüz kanatlarım çırptıkça dayanılmaz bir acı veriyor. Yükselme çabalarım boşuna. Boşlukta yalpalayarak düşüyorum. Ağaçlar, çalılar, toprak yaklaşıyor. Ya da ben onlara yaklaşıyorum. Aynı şey. Düşmemek için yeniden çırpıyorum kanatlarımı. Ama güçsüz kanatlar havalandırmıyor beni.

Yerden birkaç metre yükseklikte, ağac gövdeleriyle çalılar arasında, bocalıyorum. Düşme, diyorum kendi kendime. Düşersen bitiktir sonun.

Ferit Edgü
Drei Träume, drei Stürze

I

Ich bin ein Vogel. Ich fliege. Das Glück über das Schweben im freien Raum schnürt mir fast den Atem ab.

In dem kurzen Zeitraum zwischen Schlafen und Erwachen, in diesem Grenzbereich, bin ich kein Vogel, bin mir bewußt, kein Vogel zu sein, oder, um es anders auszudrücken, ich bin ein Wesen, das weiß, daß es kein Vogel ist, das aber einer ist, das wie ein Vogel fliegt, im freien Raum schwebt. (Ein Mensch?) Ich sage zu mir selber: du weißt, du bist kein Vogel. Laß dich durch das Fliegen nicht täuschen, du bist ein Mensch. Du träumst nur. Im Traum können auch Menschen fliegen. Aber nicht als Vogel, erwidere ich mir selber.

Ich liege allein im Bett. Kaum ist dieser Meinungsstreit zu Ende, tauche ich wieder in den Schlaf ein. Wieder bin ich ein Vogel, der im freien Raum schwebt. Ich stürze mich nach unten. Meine Flügel berühren fast das Wasser (unter mir liegt ein See). Mit einem Flügelschlag steige ich wieder auf. Dann wieder ein Sturzflug. Einen Sturzflug machen – das bedeutet, sich einfach fallen lassen. Der Körper, schwerer als die Luft, gleitet dem Boden entgegen. Bei diesem Gleiten sehe ich im Schilf am Rand des Sees einen Jäger. Zwei Flügelschläge – ich steige wieder in die Luft. Doch was ist das, etwas zerplatzt und dann ein Schmerz in meiner Brust.

Ich verliere das Gleichgewicht. Je länger ich mit meinen kraftlosen Flügeln schlage, desto unerträglicher wird der Schmerz. Meine Versuche Höhe zu gewinnen mißlingen. Ich trudele im freien Raum, ich falle. Die Bäume, die Büsche, der Boden kommen näher. Oder ich nähere mich ihnen. Das ist das gleiche. Um nicht auf den Boden zu fallen, schlage ich wieder mit den Flügeln. Aber die kraftlosen Flügel tragen mich nicht mehr hoch in die Luft.

Ein paar Meter über dem Boden flattere ich ziellos zwischen den Baumstämmen und Büschen herum. Fall nur ja nicht, rufe ich mir zu. Wenn du fällst, bist du erledigt. Da kommt

Bir köpek gelir ve çıkmamış canını çıkarır. Düşmemek için çabalıyorum. Havalanmak, yükselmek için acıyla kanat çırptığımda, çok az, çok çok az yükselebiliyorum.

Bu arada, içimden bir ses, bana olağanüstü bir kuş olduğumu, canımı verdiğimde (kime vereceğim canımı, köpeğe mi, insana mı?) küllerimden yeni bir kuşun doğacağını söylüyor.

Küllerimden... Yeni bir kuş...

Bu yeni doğacak kuş, gene ben mi olacağım?

Sorular büsbütün güçleştiriyor kanat vuruşlarımı. Bir çalılık arıyorum. Yükselemeyeceğimi gördüm artık. Kurtulmak, dinlenmek, bir soluk almak için bir çalılık arıyorum.

Bağrımdaki acının ateşiyle, ben düşer düşmez ateş alacak ve kendisiyle birlikte beni de yakacak bir çalılık.

Gördüm o çalılığı. Gölden uzakta, çamların altında, bir öbeği oluşturan yoğun çalılığı. Üzerine geldiğimde, kanat çırpmadım. Bıraktım kendimi. Çalılar, tüylerimin arasından etime saplanırken, biraz sonra yeniden nasıl doğacağımı merak ediyordum.

Ateşin sıcaklığı yerine, köpek havlamaları duydum. Ben yok olup yeniden doğmadan, itin teki işimi bitirmesin, diye çırpınıyorum çalının içinde. Köpek çalının önünde. Havlıyor. Ama çalının içine atlayıp beni haklayacak yürek yok onda. Ya da, akıllı bir köpek. Çalıya bir girse, bir daha çıkamayacağını biliyor.

Bağırıyorum. Ama sesim çıkmıyor. Ateşi isteyen. Yeniden doğmayacak olsa bile yokolmayı isteyen bir kuşun çığlığı. Sanırım köpek duydu bu çığlığımı ve dönüp kaçmaya başladı.

Avcı, şaşkın, köpeğe ve çevresine bakıyor.

ein Hund, und wenn du noch lebst, besorgt er den Rest. Ich zapple, versuche nicht zu fallen. Wie ich voller Schmerzen mit den Flügeln schlage, um mich zu erheben, um aufzusteigen, kann ich mich gerade ein klein wenig emporschwingen. In diesem Augenblick sagt mir eine innere Stimme, daß ich ein ganz besonderer Vogel sei; denn nachdem ich mein Leben gegeben habe (wem sollte ich es geben, dem Hund oder dem Menschen?), würde aus meiner Asche ein neuer Vogel erstehen.

Aus meiner Asche... Ein neuer Vogel...

Dieser neu geborene Vogel, würde das wieder ich sein?

Diese Fragen machten das Flügelschlagen viel viel schwerer. Ich suche ein Gebüsch. Ich sehe ein, daß ich nicht mehr aufsteigen kann. Ich suche ein Gebüsch, um mich zu retten, mich auszuruhen, Luft zu schnappen. Von der Glut des Schmerzes in meiner Brust würde das Gebüsch Feuer fangen, und kaum daß ich gefallen war, mich zusammen mit sich verbrennen.

Ich sah die Büsche. Sie lagen weit vom See entfernt, unter Fichten bildeten sie ein dichtes Gebüsch. Als ich mich darüber befand schlug ich nicht mehr mit den Flügeln. Ich ließ mich fallen. Als die Dornenäste durch meine Federn in mein Fleisch drangen, fragte ich mich, wie ich wohl etwas später neu geboren würde.

Statt die Hitze des Feuers zu spüren, hörte ich das Bellen des Hundes. Ich flatterte im Busch herum, in Sorge, der Hund bringe mich um, noch bevor ich vergangen und neu geboren wäre. Der Hund steht vor dem Gebüsch. Er bellt. Hat aber nicht den Mut, sich ins Gebüsch zu stürzen und mich zu zerreißen. Oder es ist ein kluger Hund. Er weiß: wenn er einmal im Gebüsch steckte, käme er nicht wieder heraus.

Ich schreie. Aber meine Stimme versagt. Es ist der Schrei eines Vogels, der das Feuer will, der, selbst wenn er nicht neu geboren würde, aufhören will zu leben. Ich glaube, der Hund hörte meinen Schrei, er drehte sich um und verschwand.

Der Jäger schaut sich verwundert um, schaut nach seinem Hund.

II

İkinci düşümde bir avcıyım.

Havada bir kuş. O güne değin görmediğim büyüklükte ve güzellikte. Tavus mu desem, Anka mı? Bilmiyorum. Ne avladım böylesini, ne de avlanmışını gördüm.

Çiftenin namlusu yere çevrili, bir süre, uzun bir süre seyrediyorum bu kuşun havadaki süzülüşünü. Tek başına. Sanki uçuşun tadını çıkarıyor. Sonunda avcılık ağır basıyor. Çiftenin namlusunu, yavaş yavaş, yerden, havaya doğru kaldırıyorum. Elimde olmadan (sanki) nişan alıyorum. Ve çekiyorum tetiği.

Üst üste iki kez. Birkaç parça tüy süzülüyor boşlukta. Kuş, düşer gibi oluyor, sonra yine yükseliyor. Ama eski uçuşu değil bu. Boşlukta süzülmüyor. Yerde debelenen bir kurban koyunu gibi; ama o havada debeleniyor. Bari göle, açığa düşmese diyorum.

Kaç dakika ya da kaç saniye bilmiyorum (bana çok uzun geliyor, ya ona?) karşı koyuyor düşüşe. Sonra, güçsüz, dönerek düşmeye başlıyor. Kırık, güçsüz kanatları karşı koyamıyor yer çekimine. Birkaç metre kala, dengesini sağlar gibi oluyor. Ama yükselemiyor. Düşmüyor da. Yere yatay uçuyor. Bir sığınak, benim ve köpeğimin bulamayacağı, bulsak da varamayacağımız bir sığınak arar gibi.

Bir süre böyle, sürüklenir gibi uçuyor. Sonra bir göktaşı gibi düşüyor, bir çalının (sanki özel olarak seçtiği) içine. Köpeğim çoktan düştüğü yere vardı. Çalılığin önünde havlıyor.

Ama boşuna havlamaları. Çalılığa girmeye korktu. Kulakları düşük, havlamaktan yorgun bana doğru seyirtiyor. Kuyruğu art bacakları arasında. Başı yerde. Utanır gibi.

II

In meinem zweiten Traum bin ich ein Jäger.

Ein Vogel in der Luft. Von einer Größe und Schönheit, wie ich es noch nie gesehen habe. Ist es ein Pfau, ein Phönix? Ich weiß es nicht. So einen habe ich noch nie gejagt, habe noch niemanden getroffen, der so einen erlegt hätte.

Der Lauf der Doppelbüchse ist zu Boden gerichtet. Eine ganze Weile, lange Zeit schaue ich dem Vogel zu, wie er in der Luft schwebt. Er ist alleine. Er scheint das Fliegen sehr zu genießen. Doch dann gewann die Jagdleidenschaft die Oberhand. Ich hebe den Lauf der Doppelbüchse langsam hoch, er zeigt zum Himmel. Ohne etwas dagegen tun zu können (angeblich), ziele ich. Und drücke ab.

Zweimal hintereinander. Einige Federn schweben in der Luft. Der Vogel scheint zu fallen, dann steigt er wieder auf. Aber er fliegt nicht wie vorher. Er gleitet nicht im Raum. Wie ein Opferlamm, das auf dem Boden liegt und mit den Beinen um sich schlägt; doch er zappelt in der Luft. Wenn er nur nicht draußen in den See fällt. Ich weiß nicht, wie viele Minuten oder Sekunden (mir kommt es sehr lange vor; wie mag es ihm vorkommen?) er seinen Sturz zu vermeiden versucht. Dann sinkt er, kraftlos, kreiselnd. Seine gebrochenen, geschwächten Flügel können der Schwerkraft nicht widerstehen. Ein paar Meter überm Boden sah es aus, als würde er sich fangen. Aber er kommt nicht wieder hoch. Er fällt auch nicht. Er fliegt in gleicher Höhe überm Boden. Als suche er eine Zuflucht, einen Platz, den ich und der Hund nicht finden, ein Versteck, das wir, wenn wir es fänden, nicht erreichen.

Eine Weile flog er so, schleppte sich dahin. Dann schlug er wie ein Meteor (als habe er ihn sich besonders ausgesucht) in einen großen Busch. Sofort war mein Hund an der Stelle, wo er herabgestürzt war. Er bellte vor dem Busch. Aber sein Bellen war vergebens. Er fürchtete sich, in den Busch zu springen. Seine Ohren hingen herunter, müde vom Bellen lief er auf mich zu. Den Schwanz hatte er zwischen die Hinterbeine geklemmt. Den Kopf hatte er zu Boden geneigt. Es war, als schämte er sich.

III

Üçüncü düşümde bir köpek olarak görüyorum kendimi. Bir av köpeği. Sıska, uzun, düşünceli, dikkatli, burnu yerde bir av köpeği olarak. Avcı. Göl kıyısına vardığımızda beni özgür bıraktı. Avımla başbaşa. Çevreyi yokluyorum, hiçbir av yok. Avcı izlemiyor beni. Onun gözleri gökyüzünde. Gözlerini ayırmıyor yukarılardan. Bu avcıyı daha önce görmüşlüğüm yok. Beni yetiştiren (efendim) o değil. Ama gerçek efendimi, onun kokusunu, sesini, yüzünü de ansımıyorum. Birbirine iki yabancı (ben: köpek, o: avcı), bir avdayız.

Köpek ve avcı.

Avcı ve köpek.

Birbirimizi tanısak ne olur, tanımasak ne olur?

O benim gerçek efendim olsa n'olur, olmasa n'olur?

Yazgı ya da tutku birleştirmiş olmalı ikimizi.

Bu yazgının ya da tutkunun beni birleştirtiği insanoğlunun yüzünü görmek geliyor içimden. Ama boyu öylesine uzun ve başı öylesine yücelerde ki göremiyorum yüzünü. Gözleriyle gözlerim, ava çıktığımızdan beri karşılaşmadı. Başını yere eğmiyor. Gök boşluğunda bir kuş dolanıyor. Onu izliyor olmalı. İlkin bir kartal sanıyorum onu. Çünkü çok büyük. Sonra tüylerinin renklerini ayrımsıyorum. Beyaz, kara, al tüyler. Hiç görmüşlüğüm yok böylesini. Havlıyorum. Göle doğru koşup havlıyorum ki yaban ördekleri uçsunlar ve avcı onları görsün. Yaban ördekleri uçuşuyor, ama avcının onları gördüğü yok. Yere, avcının ayakları dibine (eğitim gereği) çöküyorum. Çöker çökmez de bir patlama sesiyle kendime gelip koşmaya başlıyorum. Boşlukta kanat çırpan çaresiz kuşun düşeceğini kestirdiğim yere doğru. Kuş, düşmemek için tüm gücünü kullanıyor. Ama kanat çırpışları güçsüz. Kötü bir

III

In meinem dritten Traum sehe ich mich als Hund. Als Jagdhund. Als schlaksigen langen, nachdenklichen, aufmerksamen, die Nase auf den Boden gerichteten Jagdhund. Der Jäger würde mich, wenn wir das Ufer des Sees erreicht hätten, frei laufen lassen. Dann stünde ich meiner Beute direkt gegenüber. Ich suche die Umgebung ab, es gibt nichts zu jagen. Der Jäger beobachtet mich nicht. Seine Blicke sind zum Himmel gerichtet. Er schaut nur nach oben. So einen Jäger habe ich noch nicht gesehen. Er ist nicht der, der mich ausgebildet hat, (ist nicht mein Herr). Aber auch an meinen richtigen Herrn, seinen Geruch, seine Stimme, sein Gesicht, erinnere ich mich nicht mehr. Wir sind zwei Fremde (Ich: der Hund, Er: der Jäger), wir sind eben auf der Jagd.

Hund und Jäger.

Jäger und Hund.

Ob wir uns kennen oder nicht, was macht das schon?

Und wenn er wirklich mein Herr wäre, was wäre dann?

Uns beide hat wohl das Schicksal oder die Jagdleidenschaft zusammengeführt.

Ich hatte den Wunsch, das Gesicht des Menschen, den das Schicksal, oder die Leidenschaft mit mir zusammengeführt hatte, zu sehen. Aber sein Körper war so groß und sein Gesicht so erhaben, daß ich es nicht sehen konnte. Seit wir zur Jagd aufgebrochen waren, hatte ich seine Augen nicht mehr gesehen. Er neigte den Kopf nicht nach unten. Hoch am Himmel fliegt ein Vogel herum. Den beobachtet er wohl. Erst hielt ich ihn für einen Adler. Denn er war sehr groß. Dann konnte ich die Farben seiner Federn unterscheiden. Schwarze, weiße, rote Federn. So einen habe ich noch nie gesehen. Ich belle. Ich renne zum See und belle, damit die Wildenten auffliegen sollen, und der Jäger sie sieht. Die Wildenten flattern hoch, doch der Jäger sieht sie gar nicht. Ich lege mich auf den Boden, zu Füßen des Jägers (so will es meine Ausbildung). Kaum liege ich, da schreckt mich ein Schuß auf, und ich fange an zu laufen. Zu der Stelle, wo der am Himmel noch flatternde, todgeweihte Vogel herunterfallen wird. Der Vogel setzt seine ganze Kraft ein, um nicht abzustürzen. Aber sein Flügelschlag

avcıya eşlik ettiğimi anlıyorum. Üst üste iki atış ve kuş ölmemiş. Ölecek, ama havada değil. Belli ki ağır yaralı. Avcı, «Aport!» diye bağırıyor. Ama neyi getireceğim? Kuş ne yere düştü, ne göle. Daha havada.

«Aport!» diye yineliyor buyruğunu avcı.

Koşuyorum. Kuş düştü düşecek. Üzerimde kanat çırpıp duruyor. Yere düşmemek için çabalıyor. Sonra, tümüyle yitirmiş gücünü bir çalılığa vuruyor kendini. Öylesine bir çalılık ki içine girip onu çıkarmamın olanağı yok. Elimden hiçbir şey gelmediği için yalnızca havlıyorum. Sonra, havlamaktan da usanıyorum. Avdan da, avcıdan da öteye, belki hiçbir yere doğru koşmaya başlıyorum.

Uyanıyorum.
Bir avcı
bir kuş
bir köpek olarak
ve –

ist kraftlos. Ich begreife, daß ich mit einem schlechten Jäger unterwegs bin. Zwei Schüsse direkt nacheinander – und der Vogel ist nicht tot! Er wird sterben, aber nicht in der Luft. Es ist klar, daß er schwer verletzt ist. Der Jäger ruft «Apport!». Aber was soll ich bringen? Der Vogel ist weder auf den Boden gefallen noch in den See. Er ist ja noch in der Luft.

«Apport!» wiederholt der Jäger seinen Befehl.

Ich renne los. Der Vogel muß gleich herunterfallen. Über mir flattert er immer noch herum. Er versucht, nicht auf den Boden zu stürzen. Dann wirft er sich mit letzter Kraft in das Dornengebüsch. Es ist ein Gebüsch, das so dicht ist, daß ich keine Möglichkeit habe, hineinzuspringen und ihn herauszuholen. Da ich nichts anderes tun kann, belle ich nur. Dann hatte ich bald auch vom Bellen genug. Weg von der Beute, weg vom Jäger, begann ich irgendwohin zu laufen.

Ich wache auf.
Als Jäger
als Vogel
als Hund
und –

Orhan Duru
Binbir gecenin son gecesi

Son gece, yani binbirinci gece yatağından kalktı Şehrazat, balkona doğru yürüdü. Görkemli güzellikte bir kadındı. Selvi boylu, ince yapılı. Balkondan dışarı baktı. Denizin serinliğini duydu birden. Ürperdi. İlerde ağaçlar, koyu renkli bir çimenlik, saray avlusu, bitişik yapıların kubbeleri ve daha ötede de deniz.

Esinti ipek giysilerini havalandırdı. Ortalık solgun bir ışıkla aydınlanmış gibiydi. Mehtap vardı. Ay bir yerlerde olmalıydı! Ama nerede? Belki de Saray'ın arkasına gizlenmişti. Yelkenli gemiler vardı denizde. Ummana doğru açılıyorlardı. Demir atmış gemilerin çıplak direkleri görünüyordu bir köşeden. Şehrazat kenti ve limanı düşündü: bir ara, sevdiği, bağlı olduğu bu kenti. Ama bu padişah bir karabasan gibi çökmüştü kentin üzerine.

Şehrazat bıkkındı artık. Tüm gücünün, yaratıcı gücünün sonuna geldiğini duyuyordu yüreğinde. Kolay değildi öyle, padişahın gazabını erteleyebilmek ve kelleyi kurtarmak için her gece kalkıp bir öykü anlatmak, sonra öyküyü meraklı bir yerinde kesip bir gün daha kazanmak... Anlatım ustalığı gerektiriyordu bu. Yaşamını bir gün daha uzatabilmek için yaptığı cilveler, kadıncıl kıvraklıklar yanında bir de öykü anlatıp padişah hazretlerini uyutmak çok geliyordu ona. Acaba bir şeyler yapabilir miydi? Kimbilir. Bugüne kadar boynu vurulmadığı için halk da seviyordu onu. Bunu biliyordu. Bunu çoktan biliyordu ve derin bir güven ve kıvanç duyuyordu. Ama kader gününün de yaklaştığını seziyordu bir yandan...

Herkesin bildiği öykü! Padişah Şahriyar, ilk

Orhan Duru
Die letzte von tausendundeiner Nacht

In der letzten, also der tausend-und-ersten Nacht erhob sich Scheherazade vom Bett und trat auf den Balkon. Sie war eine Frau von stattlicher Schönheit. Schlank wie eine Zypresse und feingliedrig. Sie schaute vom Balkon herab. Mit einem Mal spürte sie die Kühle des Meeres und schauderte. Vor ihr lagen Bäume, dunkler Rasen, der Palasthof, die Kuppeln der angrenzenden Gebäude, und weiter entfernt, das Meer.

Der leichte Lufthauch spielte mit ihren Seidengewändern. Die Umgebung war von blassem Licht erhellt. Der Mond hatte einen Hof, er mußte auch selber zu sehen sein. Doch wo? Vielleicht versteckte er sich hinter dem Palast. Auf dem Meer fuhren Segelschiffe, sie brachen in Richtung Oman auf. Auf einer Seite sah man die nackten Masten der Schiffe, die vor Anker lagen. Scheherazade versank einen Moment in Gedanken an die Stadt und den Hafen. An die Stadt, die sie liebte, der sie verbunden war. Doch dieser Sultan hatte die Stadt wie ein Albtraum heimgesucht.

Sie war es nun leid. In ihrem Herzen fühlte Scheherazade, daß ihre Kraft, ihre schöpferische Kraft bald versiegen würde. Wahrhaftig, es war nicht leicht, jede Nacht eine Geschichte zu erzählen, um einen Wutausbruch des Sultans zu verhindern oder um ihren Kopf zu retten. Die Geschichte dann an einer spannenden Stelle abzubrechen, um noch einen Tag zu gewinnen. Da mußte man schon Meister in der Kunst des Erzählens sein. Daß sie, um ihr Leben abermals um einen Tag zu verlängern, neben der Koketterie und den weiblichen Listen, die sie gebrauchte, auch noch Märchen erzählen mußte, um den Sultan auf diese Weise zu besänftigen: das war ihr einfach zuviel. Aber was konnte sie tun? Wer wußte Rat? Weil ihr bis heute der Kopf nicht abgeschlagen worden war, liebte das Volk sie. Das wußte sie. Sie wußte es seit langem und empfand deshalb tiefes Vertrauen und Stolz. Doch fühlte sie auch, daß ihr Schicksalstag sich näherte...

Jeder kannte die Geschichte. Nachdem Sultan Schahriyar

sevdiği kadının zenci kölelerle kendini aldatmaya başladığına gözleriyle tanık olduktan sonra, iyice kendini yitirmiş, müthiş bir bunalıma girmiş ve ondan sonra her gün bir kızla evlenip gerdeğe aldıktan sonra sabah boynunu vurdurmaya başlamıştı. Bunu niye yaptığını soranlara ise, «Beni bundan böyle hiçbir kadın boynuzlatamaz» yanıtını vermişti. Padişah, gerçekte çekilmez, kendini beğenmiş, kıskanç biriydi. Üstelik tuğrasında «Sultan-ül-berreyn ve hakan-ül bahreyn, es-sultan ibni sultan rükn el dünya ve'l-din Şahriyar bin Şahbaz ve'l münkarız» diye yazardı. Kısacası kendini bütün denizlerin ve karaların yöneticisi ve üstelik inananların büyüğü sayardı.

Şehrazat, böyle biriyle başa çıkmıştı binbir gece. Başarıya ulaşmış sayabilirdi kendini, başlangıca göre daha etkili ve güçlüydü bugün sarayda. Padişah ise yumuşamıştı artık. Anlattığı öyküleri gözlerini açıp hayretle dinlemiş, başlangıçta asık olan yüzünde daha sonraları gülümsemeler belirmiş, sonunda tam bir tutkunu olup çıkmıştı Şehrazat'ın anlattığı öykülerin. Acaba yanılıyor muydu? Şehrazat da bir yandan yanılmış olabileceğini, çabalarının kendini aldatmaktan öte gitmediğini, Padişah Şahriyar'ın gene acımasız biçimde kendisiyle eğlendiğini düşündüğü de oluyordu. Gerçek korkusu buydu işte.

Bir masal ve düş ülkesinde yaşıyorlardı. Yaşadıkları ortamın gerçeği, cinler, periler, devler, olağanüstü olaylar, büyücüler, kaderin ve alınyazısının garip oyunları ile doluydu baştan başa. Evet insanlar,

küçük ve gerçek yaşamlarını sürdüren, ekmeğini taştan çıkarmaya çalışan ama gene de beklenmedik yazgıların düğümü içinde
18 boğulan ya da yücelen insanlarla doluydu bu dü-
19 nya. Her yerde gizler, görünmez tehlikeler, ola-

mit eigenen Augen sah, wie die erste Frau, die er liebte, ihn mit Negersklaven betrog, war er außer sich und machte eine schreckliche Krise durch. Dann ging er dazu über, jeden Tag ein Mädchen zu heiraten und ihr, nachdem er die Hochzeitsnacht mit ihr verbracht hatte, am nächsten Morgen den Kopf abschlagen zu lassen. Denen, die ihn nach dem Grund dafür fragten, antwortete er, «Mir setzt nun keine Frau mehr Hörner auf». Der Sultan war in der Tat ein unerträglicher, selbstherrlicher, eifersüchtiger Mensch. Zudem bezeichnete er sich in seinem Siegel ja auch als «Sultan der beiden Weltgegenden und Herrscher über die zwei Ozeane, Beschützer der Welt und Verteidiger der Religion» und hatte eine lange Ahnenreihe aufzuweisen. Kurz, er sah sich als Herr über alle Länder und Meere und als Oberhaupt aller Muslime.

Gegen so einen Menschen mußte sich Scheherazade tausendundeine Nacht durchsetzen. Das konnte sie sich als Erfolg anrechnen, immerhin war sie heute einflußreicher und mächtiger am Hofe als zu Anfang. Der Sultan war inzwischen auch etwas umgänglicher geworden. Mit den Märchen, die sie ihm erzählte, fesselte sie ihn, und er hörte ihr verwundert mit großen Augen zu. War er anfangs noch mürrisch gewesen, zeigte sich später dann und wann ein Lächeln auf seinem Gesicht, und schließlich war er ganz hingerissen und lauschte Scheherazades Geschichten. Ob sie das richtig einschätzte? Manchmal dachte sie, sie könnte sich irren, es schien ihr auch möglich, daß Sultan Schahriyar sie mitleidlos zum Besten hielt. Vielleicht bewirkte ihre Mühe nichts weiter, als sich selber etwas vorzumachen... Davor hatte sie am meisten Angst.

Sie lebten in einem Märchen- und Traumland. In ihrer Welt tummelten sich Geister, Feen und Ungeheuer, es ereigneten sich absonderliche Vorfälle, es gab Zauberer; ihre Welt war voll seltsamer Launen des Geschicks, der Vorsehung. Ja, und voller Menschen, die ihr kleines diesseitiges Leben führten, mühselig ihr Brot zu verdienen suchten, aber von der Last des Schicksals erdrückt wurden. Doch diese Welt war auch voller Menschen, die hoch aufstiegen. Überall steckten Geheimnisse, lauerten unsichtbare Gefahren, lockten sonderbare Abenteuer. Da kamen viele Länder und Gestalten vor: China,

ğanüstü maceralar. Çin ve Maçin ve Kaf Dağı ve Simurg ve Hüthüt ve Semiramis ve Hint ve ud ağacı ve misk ve amber ve altın ve zebercet ve hazineler ve işkenceler ve ecinniler ve cadalozlar ve yedi kat gökyüzü ve yedi kat yeraltı ve iyi sıhhatte olsunlar ve canavarlar ve tepegözler ve devler ve gulyabaniler vardı. Bunların arasında yaşamak çok güçtü doğrusu.

Padişahı binbir gece oyalamak için neler yapmıştı neler? Tam iki yıl 271 gün sürmüştü bu işkence. Tüm günlerini eski betikleri karıştırmakla, kocakarılardan yeni yeni ilginç ve çoğu kez anlamsız masallar derlemekle geçirmiş, bunlara bir biçim verip geceleri anlatmak ve sonra sonunun nasıl geleceğini bilmediği bir öyküye bir şeyler uydurup eklemek, gerçekle olağanüstüyü birbirine karıştırmak ve Padişah'ın merakını hep ayakta tutmak için neler neler çekmişti.

Nerdeyse tüm dünyanın en ilginç öykülerini toplayıp anlatmıştı tatlı sesiyle. İki kara köpekli ihtiyar, balıkçının öyküsü, kara adaların padişahı, beş kadının yaptıkları,

Zübeyde ve Emine'nin öyküleri, Denizci Sindbad ve yedi gezisinin anıları, üç elmanın öyküsü, Nurettin Ali ile Bedrettin Hasan'ın başından geçenler, Şemselnihar'ın öyküsü, Alaaddin ve sihirli lambası, Harun Reşit'in maceraları, Ali Baba ve Kırk Haramiler ve başkaları... Ama artık kaynakları kurumuştu nerdeyse...

Göbekli ve katmer enseli Padişah hazretleri de uyandı bu sırada, balkonda durmakta olan Şehrazat'a baktı. Bu kadın olgunlaşmıştı iyice. Anlattığı öykülerden belliydi bu. Kendine eş seçme zamanı gelmişti. Koynuna aldığı her kızı sabahleyin öldürmek kuralı artık pek geçerli gelmiyordu ona. Şehrazat değiştirmişti onun kadınlar konu-

der Kaf-Berg, der Phönix Simürg und der Wiedehopf Hüthüt, die Königin Semiramis und das Land Hint, Indien, der Baum der Lauten, Moschus und Ambra, Gold und Chrysolith, große Schätze, aber auch schreckliche Foltern, dazu Dämonen und zeternde Megären, der siebenstöckige Himmel und die siebenstöckige Unterwelt, Gott hab Erbarmen, und Monster, Schweinsäugige, Riesen und Kannibalen. Unter allen diesen Gestalten zu leben, war wirklich nicht leicht.

Was hatte sie sich nicht alles einfallen lassen, um den Sultan tausendundeine Nacht lang hinzuhalten. Diese Quälerei dauerte nun schon zwei Jahre und 271 Tage. Sie verbrachte ihre Tage damit, alte Bücher zu durchsuchen, und sammelte bei alten Weibern die allerneuesten, spannendsten, aber letztlich doch bedeutungslosen Märchen. Welche Qualen litt sie, wenn sie die Geschichten zurechtmachte, sie nachts erzählte, wenn sie für eine Geschichte, von der sie nicht wußte, wie sie ausging, Neues erfand und hinzufügte, oder wenn sie Wirklichkeit und Übernatürliches miteinander vermischte, um die Aufmerksamkeit des Sultans wachzuhalten.

So kam es, daß sie die besten Geschichten der Welt gesammelt und mit ihrer angenehmen Stimme erzählt hatte: Die beiden Alten mit dem schwarzen Hund, die Geschichte vom Fischer, vom Sultan der schwarzen Inseln, die Legende von den Taten der fünf Frauen, die Erzählungen von Zübeydc und Emine, vom Seefahrer Sindbad und die Erinnerungen an seine sieben Reisen, die Geschichte von den drei Äpfeln, die schlimmen Erlebnisse Nurettin Alis und Bedrettin Hasans, die Geschichte von Schemselnihar, von Alaaddin und seiner Wunderlampe, die Abenteuer Harun Raschids, die Märchen von Ali Baba und den vierzig Räubern und viele andere. Doch nun waren ihre Quellen einfach versiegt...

Da erwachte Seine Majestät, der dickbäuchige, stiernackige Sultan. Er betrachtete Scheherazade, die auf dem Balkon stand. Sie war eine reife Frau geworden, das zeigten schon die Geschichten, die sie erzählte. Es war Zeit, ihr einen Mann zu suchen. Die Regel, jedes Mädchen, mit dem er die Nacht verbracht hatte, am Morgen töten zu lassen, sollte nun nicht mehr gelten. Scheherazade hatte seine Ansichten über die

sundaki görüşlerini. İşte barış içinde birkaç yıl geçirmişti. İlginç öyküler dinlemişti. Belki kitap bile yaparlardı bu öyküleri. Kimbilir?

«Sevgili kadınım, sevgili Şehrazat yanıma gel...» diye seslendi.

Şehrazat hemen koşarak geldi balkondan...

«Buyrunuz sultanım.»

Padişah Şahriyar bir süre durdu ve sonra düşündüklerini tane tane açıkladı:

«Öykülerinin sonu gelmeyecek, böyle anlaşılıyor. Ama bunu bir yerde kesmek zorundayız.»

«Siz bilirsiniz sultanım.»

«Beni uzun süre eğlendirdin. İyi vakit geçirmemi sağladın. Bu arada savaş da çıkmadı. Kadınlara karşı kızgınlığımı giderdin. Kadınlara ve özellikle sana başka gözlerle bakmaya başladim. Eskiden yaptıklarımın saçmalığını anladım. Bu nedenle senin canını bağışlıyorum ve bundan böyle kadınlara eskiden olduğu gibi özgürlüklerini veriyorum.»

Şehrazat ayaklarına kapanıp eteklerini öptü Padişah'ın.

Padişah Şahriyar sürdürdü konuşmasını:

«Bundan böyle tek kadınım sensin.»

Şehrazat yeniden yere kapanıp ağlamaya başladı.

Padişah sordu:

«Niye ağlıyorsun? Ne gereği va bunun?»

Şehrazat hıçkırıklar arasında anlattı:

«Efendimiz bana binbir gece öyküler anlattırdınız. Ben de bunların en güzellerini, en gariplerini ve ilgi uyandıranlarını seçmeye çalıştım.»

«Evet, olağanüstü öykülerdi bunlar...»

«Ama beni aldattınız?»

«Nasıl?»

«Bu öykülerin hepsini biliyordunuz ama bilmiyormuş gibi davrandınız. Beni kandırdınız. Bunu şimdi anlıyorum...»

Frauen verändert. Denn sie hatten in Frieden einige Jahre zusammengelebt und er hatte ihre fesselnden Geschichten gehört. Man könnte sie in einem Buch sammeln. Wer weiß?

«Liebe Frau, meine liebe Scheherazade, komm zu mir...» rief er sie.

Scheherazade kam sogleich vom Balkon zu ihm.

«Was befehlt Ihr, mein Sultan?»

Sultan Schahriyar hielt einen Moment inne, dann setzte er ihr ganz genau seine Gedanken auseinander:

«Deine Geschichten werden nie enden, so sieht es aus. Aber wir müssen irgendwie zum Ende kommen.»

«Wie Ihr befehlt, mein Sultan.»

«Du hast mich eine lange Zeit unterhalten. Hast mir angenehm die Zeit vertrieben. Nie haben wir uns gestritten. Du hast meinen Zorn auf die Frauen besänftigt. Und ich habe angefangen, die Frauen und besonders dich mit anderen Augen zu sehen. Was ich früher getan habe, war Unsinn, das habe ich eingesehen. Deshalb will ich dir das Leben schenken und von nun an den Frauen, wie früher, die Freiheit geben.»

Scheherazade warf sich ihm zu Füßen und küßte den Saum seines Gewandes.

Sultan Schahriyar fuhr mit seiner Rede fort:

«Von nun an sollst du meine einzige Frau sein».

Scheherazade warf sich erneut zu Boden und begann zu weinen.

Der Sultan fragte:

«Warum weinst du? Aus welchem Grund?»

Scheherazade erklärte ihm unter Schluchzen:

«Herr, tausendundeine Nacht habt Ihr mich Geschichten erzählen lassen. Ich habe versucht, die schönsten, die ungewöhnlichsten, die spannendsten auszuwählen.»

«Richtig, es waren ganz besondere Geschichten.»

«Doch Ihr habt mich betrogen?»

«Wieso?»

«Ihr habt alle diese Geschichten schon gekannt, habt aber so getan, als wären sie Euch neu. Ihr habt mich betrogen. Das ist mir jetzt klar.»

Padişah Şahriyar gülmeye başladı kahkahalarla... Güçlü sanıyordu kendini.

«Evet biliyordum.»

«Öyleyse bana niye bu işkenceyi yaptınız?»

Padişah o zaman açıkladı:

«İşkence değil bu. Seni daha ilk gün sevmiş ve tutulmuştum. Ama kararsızdım. Öyküleri anlatmaya başlayınca bir de senin ağzından dinlemek istedim. Ustalığının gelişmesini izledim.»

Şehrazat bu sözler üzerine birden doğruldu. Yüzü değişmiş, dudakları bükülmüş, gözleri çakmak çakmaktı. Müthiş kızmıştı.

«Artık buna dayanamam», diye bağırdı.

«Binbir gece dayandın ama...»

«Evet. O zaman korkuyordum. Sizin bu öyküleri bildiğinizi bilmiyordum. Benimle oynadınız.»

Padişah şaşırdı birden:

«Ama kızmayın kadınım, bunda bir şey yok...»

Şehrazat: «Olmaz olur mu?» dedi ve bağırdı: «Cellat!...»

İzbandut gibi bir cellat içeri girdi, koca palasıyla ve bir hamlede kesti Padişah'ın kellesini Şehrazat'ın emriyle.

Böylece Şehrazat rahatladı ve tahta geçip oturdu. Halk acımasız bir padişahtan kurtulup, iyi öyküler anlatmasını bilen zeki bir kadına kavuştuğu için kırk gün kırk gece şenlikler düzenledi.

Şehrazat ise kendine binbir gece öykü anlatacak bir delikanlı aramaya başladı.

Sultan Schahriyar brach in lautes Lachen aus. Er kam sich sehr mächtig vor.

«Ja, ich kannte sie.»

«Warum habt Ihr mich dann so gequält?»

Da erklärte ihr der Sultan:

«Es war kein Quälen. Ich habe dich von Anfang an geliebt, war dir verfallen. Aber ich war unentschlossen. Seit du die Geschichten erzähltest, wollte ich sie aus deinem Munde hören. Ich habe miterlebt, wie du zur Meisterin wurdest.»

Auf diese Worte hin setzte sich Scheherazade plötzlich auf. Ihr Gesicht hatte sich verändert, sie schürzte die Lippen, ihre Augen blitzten. Sie war schrecklich zornig.

«Das mache ich nun nicht mehr mit», schrie sie.

«Aber tausendundeine Nacht hast du es doch ertragen...»

«Sicher, da habe ich mich auch noch gefürchtet. Ich wußte nicht, daß Ihr die Geschichten schon kanntet. Ihr habt mich zum Narren gehalten.»

Der Sultan wußte nicht recht weiter:

«Nun sei nicht zornig, Frau, es ist doch nichts dabei...»

«Von wegen, nichts dabei», sagte sie und rief laut:

«Henker!»

Ein hünenhafter Henker trat ein. Auf Scheherazades Befehl schlug er dem Sultan mit seinem riesigen Schwert stracks den Kopf ab.

Nun fühlte sie sich erleichtert, sie trat seine Nachfolge an und setzte sich auf den Thron. Das Volk veranstaltete ein Fest, das vierzig Tage und vierzig Nächte dauerte, weil es den erbarmungslosen Sultan los war, und eine kluge Frau, die gute Geschichten erzählen konnte, an seine Stelle getreten war.

Dann begann Scheherazade einen jungen Mann zu suchen, der ihr tausendundeine Nacht lang Geschichten erzählte.

Feyza Hepçilingirler

Ne güzel ölmüştüm

Ne kadar geciktim. Gençken ölseydim dövünen insanlar olurdu; on yıl önce ölseydim ağlayan; şimdi ölsem: Çok çekmişti, kurtuldu zavallı.

Garip bir inatlaşmaya döndü yaşamım. Herkes ölmem gerektiğini (artık) biliyor ve umut etmekten korkarak bekliyor ya, ben de ölmemekte direniyorum.

Bu kör acıyı öce dönüştüremeden. Gülten Geline, öteki gelinlere, oğullarıma, torunlara bile... Nasıl hayrımı yapacaklarsa arkamdan, öylece de ağlamak zorundalar, hiç olmazsa komşular, akrabalar gidene kadar.

On yıl önce başımı beklemişlerdi, üç gün, sabahlara kadar. Ölmeyince, önce sevindiler, artık ölmeyeceğimi, kolay kolay ölmeyeceğimi anlayınca?...

Ne güzel ürem çıkmıştı o zaman, bronşitim de vardı, romatizma, damar sertliği, tansiyon ise zaten hep var. Üre düştü, tansiyon indi, bronşit hafifledi, bizimkiler kara tasalara battılar. Daha ne kadar sürecek? Hepsinin işi var, çocukları var, kendi dertleri başlarından aşkın. Bu zamanda hasta bakmak kolay mı şekerim, on yıldır yatıyor.

O allıklı şıllık ne demişti geçen gün: İki hayırdan biri. Ben hep öyle yatıyorum ya ölü gibi, duymuyorum, anlamıyorum sanıyorlar. İki hayırdan biriymiş... Doğru dürüst yaşayacak kadar düzelecekse yaşasın, yoksa ikinci hayrı versin rabbim.

Herkes benden çok benim kurtulmamı düşünüyor. İkinci hayra çoktan razıydım o zaman, ardımdan gözyaşı dökmeyeceklerini anlaya anlaya caydım. Sev-

Feyza Hepçilingirler
Wie schön bin ich gestorben

Ich habe mich verspätet. Wäre ich jung gestorben, hätte sich mancher die Haare gerauft; vor zehn Jahren hätte mancher geweint. Sterbe ich jetzt: Sie ist erlöst, die Ärmste.

Mein Leben ist in einer seltsamen Trotzphase. Jeder weiß (inzwischen), daß es für mich Zeit ist zu sterben; statt froh zu sein, warten sie voll Furcht; ich dagegen bin trotzig und sterbe nicht. Ohne den argen Schmerz in Rache verwandeln zu können. Gegen Schwiegertochter Gülten und die anderen Schwiegertöchter, gegen die Söhne, sogar gegen die Enkel... Wenn sie auch die Zeit nach meinem Tod als Wohltat empfinden werden, so sind sie doch genötigt, wenigstens zu weinen, bis die Nachbarn, die Verwandten gegangen sind.

Vor zehn Jahren haben sie einmal drei Nächte an meinem Bett gewacht. Als ich nicht starb, haben sie sich erst gefreut, doch als ihnen klar wurde, daß ich noch nicht sterben, nicht so einfach sterben würde? Wie schön war damals mein Harnstoff gestiegen, ich hatte auch Bronchitis; an Rheuma, Ateriosklerose und hohem Blutdruck litt ich schon lange. Doch der Harnstoff nahm ab, der Blutdruck sank, die Bronchitis besserte sich, und die Verwandten versanken in tiefstem Kummer. Wie lange würde es noch dauern? Sie hatten ja alle zu tun, hatten Kinder und waren mit eigenen Problemen mehr als belastet. Ist es in diesen Zeiten etwa einfach, einen Kranken zu pflegen, meine Liebe? Sie liegt immerhin seit zehn Jahren. Was hat das gewitzte Weib mit ihren Hurenkleidern neulich gesagt: Ich wünsche ihr eine der beiden Gnaden. Und ich liege so da, wie tot, sie meinen, ich höre und verstehe nichts. Eine der Gnaden wäre ... Wenn sie sich so weit erholt, daß sie vernünftig leben kann, soll sie leben, ansonsten erweise ihr der Herr die andere Gnade, die der Erlösung. Alle denken mehr an mein Wohl als ich selber. Mir wäre damals auch die zweite Gnade recht gewesen. Daß sie mir keine Träne nachweinen würden, war mir längst klar, und ich hatte mich damit abgefunden. Dann sollen sie mich

mesinler... Kimse sevmesin beni. İnatları için yaşıyorum ya... Kimsenin sevmesine ihtiyacım yok. Tanrım sevsin yeter. Onun sevgisi de? Unuttu gitti beni.

Herkesi benden kurtarmayı çok istedim. Ama nasıl ölür insan istediği zaman? Bu hak, kullara verilmemiştir. Denenirdi aslında; ama becerilmezse: Durduk yerde iş çıkardın başımıza. Bizi elaleme rezil etmek mi istiyorsun? Neyin eksik? Biz sana bakmıyor muyuz? Neyini eksik bırakıyoruz? Söylesene... Of.

Bitmez ki... Arkadaş istiyorsun diye kadın bile tuttuk başına. Kadın tutacak insanlar mıyız biz, sokağa atacak paramız mı var, sırf senin için.

Geceleri ve gündüzleri canım sıkıldığında, bir şey istediğimde, hemen yanı başımda biri olsunmuş, onları rahatsız etmekten çekindiğim için seslenmiyormuşum çoğu kez, artık çekinmeyeymişim, gönlümün çektiğince yaşayabileymişim. Gönlümün çektiğince... Oğlum bu. Ne denir? Sanki ben bilmiyorum neden kadın tuttuklarını. Efendim ertesi gün çalışacakmış küçük hanım, koca evin işi ona bakıyormuş, bütün gece başımda bekler, suyumu, oturağımı getirirse, gündüz ayakta duracak gücü kalmıyormuş. Öteki gelinler de öyle.

Ellerini, ayaklarını bağlıyormuşum onlarda kaldığım zaman, bir ekmek almaya olsun gidemiyorlarmış. Başımda bir kadın olursa yine ilgilerinde, bakımlarında bir azalma olmayacakmış; ama azıcık soluk alabileceklermiş. Atın sokağa beni, ne olur, çıkarın kapının önüne. Ortaklaşa ödüyorlarmış kadının ücretini. Fakirhaneye yatırın o zaman.

Anamın üçüncüsü kız olduydu, kaynanamın da üçüncüsü kız. Allah biliyor ya, ben de üçüncüyü kız olur diye doğurdum, ya anama çeke-

eben nicht lieben, sollte mich eben niemand lieben. Dann lebe ich eben ihnen zum Trotz. Ich brauche keine Liebe, von niemandem. Wenn Gott mich liebt, reicht es mir. Und seine Liebe? Er hatte mich vergessen, verlassen.

Ich wünschte, ich könnte sie alle von mir befreien. Aber wie stirbt man zum gewünschten Zeitpunkt? Dieses Recht hat der Herr den Menschen nicht zugestanden. Es ist oft versucht worden; doch wenn es nicht gelang: Dauernd bringst du uns in Schwierigkeiten. Willst du uns zum Gespött machen? Was geht dir denn ab? Kümmern wir uns nicht um dich? Versorgen wir dich nicht genug? Sag doch... Meine Güte. So geht es immer weiter... Eigens zu deiner Gesellschaft haben wir die Frau angestellt. Sind wir etwa Leute, die einfach so eine Frau beschäftigen können, können wir das Geld zum Fenster hinauswerfen, nur für dich?

Wenn ich am Tage oder nachts Langeweile hätte, wenn ich etwas haben wollte, sollte immer jemand bei mir sein, denn nach ihnen riefe ich meistens doch nicht, weil es mir unangenehm sei, sie zu stören. So brauchte ich keine Scheu mehr zu haben, wenn ich Lust hätte, könnte ich leben. Und wenn ich Lust hätte... So war mein Sohn. Was sagt man dazu? Als wüßte ich nicht, warum sie die Frau angestellt hatten. Nun ja, die junge Dame müsse am nächsten Morgen arbeiten, die ganze Arbeit in diesem großen Haus bleibe an ihr hängen. Wenn sie den ganzen Abend bei mir sitzt und mir mein Wasser, meinen Nachttopf bringe, könne sie sich tags darauf kaum auf den Beinen halten. Die anderen Schwiegertöchter waren genauso. Als ich bei ihnen wohnte, hätte ich sie zu sehr ans Haus gefesselt, nicht einmal einen Laib Brot hätten sie schnell mal kaufen können. Und wenn eine Hilfskraft sich um mich kümmere, bedeute das ja nicht, daß sie meine Pflege und ihre Zuwendung verringerten; sie könnten eben mal verschnaufen. Werft mich doch auf die Straße, was soll's; setzt mich einfach vor die Tür. Gemeinsam würden sie das Geld für die Frau zahlen. Dann bringt mich eben ins Armenhaus.

Das dritte Kind meiner Mutter war ein Mädchen, auch meine Schwiegermutter hatte als drittes ein Mädchen. Bei Gott, als ich mein drittes Kind kriegte, dachte ich, daß es ein

rim, ya kaynanama, diye düşündüm. Ama olmadı. Senin kocan çıktı geldi. Ne demen gerek şimdi? Ben senin kızın olurum, hatırını kırmam, kızın gibi bakarım sana.

Deyiver ne olur, nasıl olsa kızım da sizlerden farklı olmayacaktı, anasını kapının önüne koyan az mı kız gördük? Ne gezer?

Bana bu altınları, bu pırlantaları yapsın diye doğurdun üçüncü oğlunu sen, bilmiyorsun ama; onun için doğurdun. Bak terbiyesize! Bu, bu kadar. Herkes aileden ne almışsa...

Ben on beş yıl baktım ona, diyor arkadaşlarına dert yanarken, gitsin öbür çocuklarına, onlar da o kadar baksınlar hele. O zamanlar sayılır mıymış? Asıl şimdi. Asıl yaşlandıktan sonra bakmak, bakmaktır. Hem kim kime bakmış? O zamanlar bulaşık bende, yemek bende, çocukların yemesi içmesi bende. Bunca işi yaptırmak için kadın tutsaydın bir de para öderdin üstüne, ben boğaz tokluğuna yapmışım. On beş yıl ben baktım asıl sizlere, beş kuruş para istemeden. Şimdi artık elimden iş gelmiyor, tabak çanak yıkayamıyorum diye... Ben tutuyor muyum on beş yılın hesabını, ben soruyor muyum onca çalışmanın karşılığını? Ak pak sedir yaygılarım ne oldu benim? Kıtık yastıklarım ... Sonra kırlentlerim vardı, kuş işlemeli, çiçek işlemeli, sarılı, mavili kırlentlerim, bohça bohça lavanta kokulu dantellerim, yastık ağızlarım, mendillerim, tülbentlerim, duvar süslerim, iğneoyalarım. Elmas küpemin tekine ne oldu?

İkide birde yastığının altındaki cüzdanı yokluyor, kimse olmayınca çıkarıp gizli gizli sayıyor paralarını, şeytan diyor, al cüzdanını, sakla, ba-
30 kalım ne yapacak? Yanımda rahat rahat ko-
31 nuşuyorlar böyle, nasıl olsa duymuyor, duysa

Mädchen wird. Entweder schlage ich meiner Mutter oder meiner Schwiegermutter nach. Aber es kam anders. Heraus kam dein Mann. Was solltest du sagen? Dann bin eben ich dein Mädchen, ich will dir keinen Kummer machen und wie eine Tochter für dich sorgen. Nun sag schon! Mein Mädchen wäre kaum anders als ihr. Oder kommt es so selten vor, daß die Tochter die Mutter vor die Tür setzt? Davon sei keine Rede? Du hast deinen dritten Sohn ja nur geboren, damit dir dein Mann diesen Goldschmuck, diese Brillanten anschafft. Du bist dir dessen nicht bewußt, aber das ist der Grund, warum du ihn geboren hast. Diese Ungezogene! Es reicht. Jeder benimmt sich, wie er es zu Hause gelernt hat.

Ich habe sie fünfzehn Jahre gepflegt, sagt sie, wenn sie ihren Freundinnen vorjammert. Jetzt soll sie mal zu ihren anderen Kindern gehen, die können sie auch mal so lange pflegen. Zählt diese Zeit denn überhaupt? Was zählt, ist jetzt. Die wirkliche Pflege beginnt doch erst im Alter. Na was denn – wer hat denn wen versorgt? Damals mußte ich abwaschen, kochen und für Essen und Trinken der Kinder sorgen. Hättest du für diese Arbeit eine fremde Frau genommen, hättest du sie auch bezahlen müssen. Aber ich habe es für freie Kost und Logis gemacht. Fünfzehn Jahre habe ich euch versorgt, ohne einen Pfennig zu verlangen. Jetzt, wo ich nicht mehr arbeiten kann, den Abwasch nicht mehr machen kann... Rechne ich euch denn die fünfzehn Jahre vor, verlange ich etwa das Geld für so viel Arbeit? Was ist aus meinen blitzsauberen Überwürfen für die Polsterbank geworden? Wo sind meine kapokgefüllten Kissen? Ich hatte doch auch Wäsche, bestickt mit Blättergirlanden, Vögeln, Blumen, mit gelben und blauen Girlanden, hatte stapelweise lavendelduftende, spitzenbesetzte Wäsche. Wo sind meine Kissenbezüge, Taschentücher, Musselintücher? Wo meine Wandbehänge und Nadelspitzen? Wo ist mein einer Diamantohrring?

Ständig schaut sie unter dem Kissen nach, ob ihr Portemonnaie noch da ist; wenn sie allein ist, holt sie es hervor und zählt heimlich ihr Geld. Eine teufliche Stimme in mir sagt, hol ihr Portemonnaie, versteck es, mal sehen, was sie tut? So reden sie ungeniert in meinem Beisein. Sie hört

da anlamıyor diye. Allahın hikmeti işte, arada bir açılıveriyor kulaklarım, duymasam daha iyi olacak şeyleri duyuveriyorum. Yoksa kimsenin bana bir şey söylediği yok.

Hadiye Hanımı da ilk gün gelinin misafirlerinden biri sandım, ötekiler gibi, laf olsun diye yanıma sokulup, nasılsın teyze, maşallah daha iyi gördüm seni bu sefer, deyip gitmediğine şaştım önce, sonra hâlâ dünyada bu kadar hatırnaz insanlar varmış diye şaştım ayakucuma oturup kaldığında, gece olup da karşı somyada yatmaya kalkınca bir daha ve son kez şaştım. Yatmadan önce, bir şey istersen bana seslen teyze, deyince şaşmadım artık.

Ertesi gün geline sordum: Bana bakması için mi tuttunuz bu kadını? Ya öyle, dedi, sana arkadaş olsun diye düşündük. Bak sen, arkadaşımı falan da düşünürlermiş. Kalksam yatağımdan, onun gözü yatakta, yatacak hasta bu kadın, kendine baksa daha iyi, bana bakmazdan önce. Demedim.

Elli beş yaşında olduğunu söylüyor; ama kim inanır, altmış beş değil de rahat bir altmış yılı var bu fani dünyada.

Bunamıştır ayol, diyor biri. Gözlerimi açmıyorum; ama bunun da o allıklılardan biri olduğunu biliyorum. Sözde hasta ziyaretine geliyorlar, gözler kömürlük penceresi, yanaklar elmaşekeri, dudaklar bütün kaynanaları yiyecek kadar iştahlı: kan kırmızı.

Giyim kuşamın da, süsün boyanın da ölçüsünü bilmiyor şimdikiler. Kaşlarını yolup yolup yaylar çiziyorlar kaş yerine, dudaklarına kendi zevksizliklerine göre yeni bir dudak yapıyorlar. Hepsi bir örnek. Biri saçlarını mı kıvırttırdı, sonra gelenlere bakıyorsun hep saçlar kıvrık. Durmadan değişiyorlar; ama

es ja doch nicht. Und wenn sie es hört, versteht sie es nicht. Doch so ist Gottes unerforschlicher Wille: ab und zu funktionieren meine Ohren plötzlich wieder, und ich höre auf einmal, was ich besser nicht gehört hätte. Sonst sagt mir ja niemand was. Erst dachte ich, Hadiye Hanım sei ein Gast meiner Tochter und sie setze sich wie die anderen nur mal eben zu mir: Wie geht's, Tante, bei Gott, heute siehst du aber viel besser aus. Erst wunderte ich mich, daß sie nicht bald wieder ging. Als sie mir nicht von der Seite wich und dauernd auf dem Fußende meines Bettes saß, wunderte ich mich ein zweites Mal: Daß es noch so nette und aufmerksame Menschen gibt. Als sie am Abend Anstalten machte, sich auf der Matratze gegenüber schlafen zu legen, wunderte ich mich zum letzten Mal. Bevor sie sich hinlegte, sagte sie: Wenn du etwas willst, ruf nur, Tante. Da wunderte ich mich schon nicht mehr.

Am nächsten Tag fragte ich meine Schwiegertochter: Habt ihr die Frau zu meiner Pflege angestellt? Ja, sagte sie, wir dachten, du brauchst Gesellschaft. Sieh mal an! Die denken sogar an meine Gesellschaft. Wenn ich aufstünde, würde sie sich am liebsten hinlegen, doch dann hieße es, sie ist krank, bettlägerig. Bevor sie sich um mich sorgt, soll sie sich lieber um sich selber kümmern. Aber ich habe nichts gesagt. Sie erzählt, sie sei fünfundfünfzig Jahre alt; wer glaubt das! Vielleicht nicht fünfundsechzig, doch sechzig Jahre hat sie sicher schon auf dieser vergänglichen Welt verbracht.

Sie ist ja nicht mehr ganz da, sagt jemand. Ich öffne die Augen nicht; aber ich weiß, das ist wieder so eine Dummheit. Angeblich kommen sie einen Kranken besuchen, doch ihre Augen sehen aus wie das Loch zu einem Kohlenkeller, mit Wangen wie kandierte Äpfel, mit gierigen Lippen, als wollten sie alle Schwiegermütter der Welt auffressen: blutrot. Dazu die Ausstaffierung! Für Schmuck und Farbe haben die heute kein Gefühl. Sie reißen sich die Augenbrauen aus und malen sich einen Bogen an die Stelle, und auf die Lippen malen sie sich nach ihrem eigenen schlechten Geschmack neue. Sie haben alle das gleiche Muster. Hat eine ihr Haar locken lassen, schau dich um: da haben die anderen auch alle Locken. Sie verändern sich ständig; aber immer alle gemein-

topluca değişiyorlar. Bir bakıyorsun bizim zamanımızın taş pudra kapaklarındaki suratı taşıyor hepsi, bir bakıyorsun hepsi birden Şırley. Sanırsın aynı torna tezgâhı yapıp takıştırıp döküyor bunları piyasaya. Hiçbirinde ayrı bir koku, ayrı bir renk yok. Seslerinin tınısı bile aynı: Ay yazıık... Bunamıştır ayool...

Bunamadı, diyor, dişlerinin arasından, hece hece, heceleri bastıra bastıra. Soluğunun ıslığı kulaklarımın dibinde. Bugün de açılacağı tuttu işte kulaklarımın. Sesi çok kızgın, bunamadığıma da kızıyor gelin: Her şeyleri hatırlıyor, bir şey unuttuğu yok. Beyni çok sağlam, senden benden iyi. Ha şunu bileydiniz kuş beyinliler, benim ölüm bile sizin beşiniz eder.

Hadiye Hanım bunlar gibi değil. Ben konuşurken dinliyor anlattıklarımı. Boş boş kafa sallamamasından anlıyorum.

Söylediğimle ilgili sorular soruyor, anlattırıyor bana, hatırlatmalar yapıyor; dudaklarını sarkıtıp perdenin pilelerini saymıyor, insan gibi konuşuyoruz onunla. Nişanımda olanları anlattım, nasıl kaynanamın elini öptürmek istemediğini bana, düğünümü, oğullarımın doğumlarını birer birer.

Nasıl unutmuyorsun, diyor. Unutur muyum, dün gibi aklımda hepsi. Ben sokağa çıktım mı herkes durur bana bakardı, diye anlatıyordum geçenlerde, ben de güzeldim, dedi. İlk kez kendinden söz ettiğini duyuyorum. Öyle mi, demişim şaşkınlıkla, sonra kızdım kendime, hiç söylenir mi? Kim bilir neler çekmiş ki böyle çökmüş kadın. Belki de dediği gibi elli beş yaşındadır.

Pek anlatmıyor kendini. Hoş anlatsa anlar mıyım ki? Ağzında geveliyor, eğrilip ufalanıyor laflar ağzında. Bir limonata yapayım mı sana teyze, diyor mesela (evet,

sam. Einmal laufen sie mit einer Visage herum, wie sie zu unserer Zeit auf den Puderdosen abgebildet waren, nächstes Mal sehen sie plötzlich alle aus wie Shirley. Als wären sie auf der selben Bank gedrechselt, dann montiert und auf den Markt geworfen worden. Keine hat eigenen Duft, eigene Farbe. Sogar der Klang ihrer Stimmen war gleich: Ach wieee schade... Sie ist nicht mehr bei sich, ach Gooott...

Sie ist nicht weggetreten, zischelt sie, Silbe für Silbe, jede einzeln betonend. Ich habe noch das Pfeifen ihres Atems im Ohr. Heute hören meine Ohren wieder mal gut. Ihre Stimme klingt ärgerlich, meine Schwiegertochter ärgert sich, daß ich nicht dahindämmere: Sie weiß noch alles, nie vergißt sie was. Ihr Gehirn funktioniert wunderbar, besser als deines und meines. Wenn ihr das wüßtet, mit euren Spatzenhirnen, noch im Tod bin ich euch fünffach überlegen.

Hadiye Hanım ist nicht wie sie. Sie hört zu, wenn ich erzähle. Das merke ich daran, daß sie nicht immer ohne Grund nickt. Sie fragt nach dem, wovon ich gesprochen habe, und läßt mich erklären, sie erinnert mich an dies und das; sie zieht kein Gesicht und ist nicht sehr pedantisch. Mit ihr spreche ich von Mensch zu Mensch. Ich erzähle, was bei meiner Verlobung passiert ist, wie meine Schwiegermutter sich nicht von mir die Hand küssen lassen wollte, von meiner Hochzeit und der Geburt der Söhne, in allen Einzelheiten. Wie kommt es, daß du nichts vergißt, sagt sie. Wie sollte ich etwas vergessen. Ich weiß noch alles, als wäre es gestern gewesen. Wenn ich auf die Straße trat, blieben alle stehen und sahen mich an, erzählte ich ihr neulich. Auch ich war schön, sagte sie. Es war das erste Mal, daß sie von sich sprach. Ach was, sagte ich überrascht, dann ärgerte ich mich über meine Ungeschicklichkeit. Sagt man so etwas? Wer weiß, was die arme Frau mitgemacht hat, daß sie so zusammengefallen ist. Vielleicht war sie wirklich erst fünfundfünfzig. Sie sprach nicht viel von sich. Wenn sie von sich erzählen würde, würde ich sie dann verstehen? Sie stotterte herum, verbog die Wörter in ihrem Mund, daß sie klein und unverständlich wurden. Sie fragte beispielsweise: Soll ich dir eine Limonade machen, Tante? (Ja, es scheint sie nicht nervös

evet, teyze diyor sıkılmadan) üç defa söylettikten sonra anlıyorum ne dediğini. Bir de fark etmediğimi sanıyor; ama üşengeç biraz. Limonatayı bolca hazırlayıp uzun süre kullanmak istiyor, oysa limonata nazik şeydir, bekletirsen tortulanır, tazesi gibi olmaz. Bir kere limon, kabuğuyla birlikte sıkılmaz, sıkarsan kabuğun acısı limonataya geçer, tadı bozulur limonatanın. Kabuğun sarısını ince rendeyle alacaksın önce, sonra iri iri parçalara bölüp üstüne bol şeker serpeceksin. Bu işleri akşamdan yapacaksın ki ertesi sabah sıkmaya hazır olsun.

Bu anlattığım, kalabalıklar için, biz düğünlerde, nişanlarda yapardık böyle limonatayı. Benim istediğim ne olacak, bir limonu sıkıp üstüne yarım bardak su, bir buçuk tatlı kaşığı şeker kattın mıydı olur. Hadiye Hanımın yaptığı gibi suyunu çoğaltır, durmadan şeker eklersen üstüne hem tadı kalmaz, hem de bana getirdikleri gibi daha içmeden posalanır dibinde. Dediğim gibi, azıcık üşengeç; ama iyi kadın. Sen yoruldun artık, geline sesleneyim de o oturtsun beni, dediğimde hemen aşkolsun çekmeye başlıyor.

Gelin de mızmızlanıyor tabii, avuç dolusu para veriyoruz kadına, onu yormaktan çekiniyor da beni yormaktan çekinmiyor, diye oğluma şikâyet ediyor akşam. Para veriyorsun vermesine de, o da can taşıyor, yazık değil mi garibe?

Şimdi de arkadaşlarına anlatıyor bak: Bir düştü ki bu Hadiye Hanıma, nasıl seviyor, nasıl kolluyor bir görsen. Kollarım tabii. O da beni seviyor, sizin gibi numara yapmıyor, gerçekten seviyor. Dün ağlıyordu başımda. Ölme, ne olur, sen ölürsen ne yaparım ben, diyordu. Hanginiz diyor bunu, hanginiz? Bu evde de, bütün sülalede de, oğullarımdan, torunlarımdan, gelinler-

zu machen, mich immerzu Tante zu nennen.) Nachdem ich dreimal nachgefragt hatte, verstand ich. Sie meint, ich hätte nicht bemerkt; daß sie ein wenig träge ist. Sie macht immer eine Menge Limonade, damit man lange daran hat. Dabei ist Limonade empfindlich: läßt man sie zu lange stehen, setzt sie sich ab und schmeckt nicht mehr frisch. Überhaupt darf man die Zitronen nicht mit der Schale auspressen, sonst geraten die Bitterstoffe in die Limonade und ruinieren den Geschmack. Mit einer feinen Reibe entfernt man erst die gelbe Schicht der Schale, dann teilt man die Zitrone in große Stücke und bestreut sie mit viel Zucker. Das tut man schon am Abend, damit man sie am nächsten Morgen auspressen kann. So macht man es, wenn man viele Personen zu versorgen hat, solche Limonade haben wir immer für Hochzeiten und Verlobungen zubereitet. Für die Limonade, die ich wollte, sollte sie nur eine Zitrone ausdrücken, ein halbes Glas Wasser drübergießen und eineinhalb Dessertlöffel Zucker hinzugeben, fertig. Doch Hadiye Hanım goß immer neues Wasser drauf und tat jedesmal Zucker rein, so daß sie nicht mehr schmeckte und sich der Zucker absetzte, noch während sie mir das Glas brachte und bevor ich trank. Wie gesagt, sie war etwas träge, aber eine gute Frau. Wenn ich sage, du bist sicher jetzt müde, ich will die Schwiegertochter rufen, daß sie mich aufsetzt, wehrt sie immer ab. Die Schwiegertochter würde natürlich nörgeln, da zahlen wir der Frau eine Menge Geld, und sie ziert sich, sie richtig zu beanspruchen; mich einzuspannen macht ihr nichts aus. Und beschwert sich am Abend bei meinem Sohn. Ob man der Frau Geld gibt oder nicht, sie hat doch auch ein Herz, darf man denn das arme Luder ungerecht behandeln?

Jetzt erzählt sie ihren Freundinnen wieder: Dieser Hadiye Hanım ist sie ganz verfallen, sie herzt und umarmt sie, das solltet ihr sehen. Natürlich umarme ich sie. Sie mag mich ja auch, sie macht mir nichts vor, wie ihr. Sie hat mich wirklich gern. Gestern hat sie bei mir gesessen und geweint. Stirb nicht, bitte. Was soll ich denn machen, wenn du tot bist. Wer von eucht sagt so etwas zu mir, wer? Sie liebt mich mehr als alle im Haus, mehr als alle meine Nachkommen, Söhne,

den daha çok o seviyor beni. Bir tek o ağlayacak arkamdan. Sen anlat dur kokona arkadaşlarına: Bir düştü Hadiye Hanıma, bir düştü. İki dakika ortadan kaybolsa hemen soruyor, yok mu Hadiye Hanım, nereye gitti? Kızını görmeye gitti, dedim bugün, suratını astı. Bir kapattı gözlerini, bir daha açmıyor. Yok canım, uyumuyor, inadından açmıyor, gözlerini dinlendiriyormuş, öyle diyor sorunca.

Ne yapacağım gözümü açıp da, sizin o kumpanyacı tiyatro karılarına benzeyen suratlarınızı mı göreceğim? Açmam elbet. Şimdi de Hadiye Hanımı kıskanmaya başladılar. Siz de sevin beni onun kadar, sizi de kollayıp gözeteyim.

Bitmedi bir türlü beni çekiştirme, başka konunuz yok mu sizin, başka şeyler konuşun. Hâlâ Hadiye Hanıma düşkünlüğümü anlatıyor gelin hanım: Takmış kafasını ağlamaya, bir tek o ağlayacakmış arkasından. Şu kulaklarım da tıkanmadı gitti. Söylediklerini duymak istemiyorum artık. Ben yalnız Hadiye Hanımın ağlayacağını iyi biliyorum.

Hem de gerçek gözyaşlarıyla, sevdiği insanı yitirenin gerçek acısıyla. Ama susmuyor bu kadın. Ne diyor yine: Umurundaydı sanki Hadiye Hanımın. O, ekmek parası diye bakıyor. İşi bu: Hasta bakmak. Hastası ölürse işini kaybedecek. Sevdiğinden ağlayacağını sanıyor, müşteriyi kaybedecek diye üzülüyor kadın. Bak terbiyesize! Utanmaz. Müşteriymiş. Nasıl da utanmadan iftira ediyor Hadiye Hanıma.

Sus sus, bak açtı gözlerini. Açmam. Hadiye Hanım gelmeden açmam. Benim yaşamımı kendilerini cezalandırmak sanıyor bunlar. Vallahi değil.

Ağlıyor ayool...

Enkel, Schwiegertöchter. Sie allein wird mir nachweinen. Erzähl nur immer deinen aufgedonnerten Freundinnen: Was sie nur an dieser Hadiye Hanım hängt, was sie an der nur findet. Wenn sie mal zwei Minuten nicht da ist, fragt sie schon nach ihr: ist Hadiye Hanım nicht da, wohin ist sie gegangen? Als ich heute sagte, sie besucht ihre Tochter, hat sie gleich ein Gesicht gezogen. Sie hat die Augen geschlossen und die ganze Zeit nicht wieder aufgemacht. Nein, meine Liebe, sie schläft nicht, sie macht sie aus Trotz nicht auf. Wenn du sie fragst, sagt sie, sie ruhe ihre Augen aus. Was tu ich denn mit offenen Augen? Soll ich eure Visagen betrachten, mit denen ihr ausseht wie die Weiber einer Schauspielertruppe? Ich mach sie eben nicht auf. Sie waren eifersüchtig auf Hadiye Hanım. Liebt mich so, wie sie mich liebt, dann umarme ich euch ebenso und lasse euch nicht links liegen.

Sie hören nicht auf, über mich herzuziehen. Habt ihr sonst kein Thema? Unterhaltet euch doch mal über was anderes. Die gnädige Frau Schwiegertochter erzählt immer noch, wie sehr ich in Hadiye Hanım vernarrt bin: Die Sache mit dem Weinen hat sie sich in den Kopf gesetzt, nur sie würde ihr nachweinen. Meine Ohren gehorchen mir nicht mehr, sie hören weiter zu. Ich will einfach nicht mehr hören, was sie sagt. Ich weiß genau, daß nur Hadiye Hanım bei meinem Tod weinen wird. Und zwar mit echten Tränen, mit echtem Schmerz, wie ihn nur empfindet, wer einen geliebten Menschen verliert. Aber diese Frau kann den Mund nicht halten. Was sagt sie schon wieder: Als ob Hadiye Hanım sich etwas aus ihr machte. Die will nur ihr Brot verdienen. Es ist ihre Arbeit: Sie pflegt Kranke. Stirbt der Kranke, verliert sie ihre Arbeit. Und sie glaubt, Hadiye Hanım weint aus Mitgefühl! Die Frau ist traurig, weil sie eine Kundin verliert. Diese Ungezogene! Diese Unverschämte! Von wegen Kundin. Wie sie Hadiye Hanım schamlos verleumdet.

Still, still, schau, sie hat die Augen geöffnet. Ich mach sie nicht auf. Nicht bevor Hadiye Hanım zurück ist. Die glauben, daß sie durch mein Weiterleben gestraft würden. Bei Gott, das stimmt nicht.

Sie weint, sieh doch nur!

Olsun. Müşteri diye baksın, bakıyor ya. Ekmek kapısı kapandı diye ağlasın, ağlayacak ya... Ben bilmez miyim bana bakmak zorunda olduğu için baktığını. Siz bilmeden ben bilirim her şeyi. Sizin gibi değilim. Gül gibi baktım ben kayınvalideme, böyle kadın madın da tutmadım. Tam üç ay gül gibi baktım.

Ömrü olaydı daha da bakardım, ne yapayım yaşamadı rahmetli. Ben istemiyor muydum üç ayda ölmeyi? Üç ay da değil, iki gün yatak, üçüncü gün toprak, demiyor muydum? Ama ölmedim. Ölemiyorum. Nasıl ölüneceğini bir bilsem, bir bilebilsem...

1987 – 2 Mart 1989

Sei's drum. Soll sie mich doch als Kundin betrachten und pflegen, immerhin kümmert sie sich um mich. Und wenn sie weint, weil ihr Broterwerb wegfällt, wenigstens weint sie. Ohne daß ihr es ahnt, weiß ich doch alles. Ich bin nicht wie ihr. Ich habe mich bestens um meine Schwiegermutter gekümmert, hatte keine solche Frau oder sonstige Hilfe. Genau drei Monate habe ich sie wunderbar versorgt. Ich hätte es auch länger getan, aber der Seligen war kein langes Leben beschieden. Habe ich mir nicht gewünscht, innerhalb von drei Monaten zu sterben? Nicht einmal drei Monate! Habe ich nicht oft gesagt, zwei Tage im Bett, am dritten ins Grab? Ich bin nicht gestorben. Ich kann nicht sterben. Wenn ich nur wüßte, wie man stirbt, wenn ich das nur wüßte...

Savaş Büke
İlle de radyo...

Zırt pırt askeri ihtilal yapılan Güney Amerika ülkelerinden birinde devlet radyosundaki görevliler iki gündür sürmekte olan teknik bozukluğu giderip sabah yayınına başlayabilmek için uğraşıyorlardı. Güneş ha doğdu, ha doğacak. Radyo binasında o saatte en yetkili olan nöbetçi amirinin kapısı dışardan vurulmadan pattadanak açıldı. Ellerinde makineli tüfeklerle üç subay geldi. İçlerinden en yüksek rütbelisi, amire; «Şunu okuyacağız, yayın başlar başlamaz izniniz olursa» diye bir kâğıt parçası uzattı. Amir kâğıda şöyle bir göz attı.

«Desenize ihtilal var yine?»

«Evet, ufak bir şey yapıverelim dedik. Aslında biz de bıktık, ama zorunluyuz, komutanlarımız böyle buyurdular.»

«Geçen sefer de siz gelmiştiniz binbaşım değil mi?»

Yüzbaşı durumdan sevinç duymadığı yüzünden okunarak sözü ağzında yuvarlayıp, isteksiz konuştu. Belli ki en azından şu anda binbaşı olabilmeyi o da çok istiyordu.

«Ben yüzbaşıyım.»

«Ne bileyim, geçen ihtilalden bu yana binbaşı olmuşsunuzdur diye düşündüm de...»

«Son ihtilal girişimini on yedi gün önce yapmıştık, bu kısa sürede bir üst rütbeye geçilir mi?»

«İhtilali başarsaydınız üç rütbe birden alırdınız!»

Yüzbaşı gözlerini umut dolu bakışlarla tavana dikti. Altdudağını öne çıkarıp parmaklarıyla çene üstüne doğru bükerek kendi geleceği için iyi bir şeyler düşlediğini belli edercesine mırıldandı:

«Belki bu sefer...»

Savaş Büke
Muß es unbedingt im Radio sein?

In einem südamerikanischen Land, in dem es alle paar Tage zu Umstürzen kommt, waren die Angestellten des staatlichen Rundfunks schon zwei Tage dabei, einen technischen Defekt zu beheben, um mit den Frühsendungen beginnen zu können. Die Sonne ging gerade auf, als plötzlich, ohne ein Anklopfen, die Tür des ranghöchsten diensthabenden Angestellten, des Chefs vom Dienst, aufgerissen wurde. Drei Offiziere mit Maschinengewehren traten ein. Der Ranghöchste von ihnen sagte zum Chef vom Dienst, «Wir wollen das hier verlesen, sobald die Sendungen beginnen, wenn Sie erlauben,» und streckte ihm ein Blatt Papier hin. Der Chef überflog das Blatt kurz:

«Sagen Sie bloß, wir haben schon wieder einen Umsturz?»

«Ja, wir dachten, wir drehen mal ein kleines Ding. Eigentlich hatten wir auch genug davon, aber die Kommandeure haben es befohlen.»

«Sie waren doch auch schon beim letzten Mal hier, nicht wahr Herr Major.»

Daß dem Hauptmann nicht nach Scherzen zumute war, zeigte sein Gesicht; ihm blieb das Wort im Halse stecken, und er sagte ohne große Begeisterung, denn es war klar, daß er längst Major hätte sein wollen:

«Ich bin Hauptmann.»

«Ach, ich habe gedacht, Sie sind seit dem letzten Umsturz bestimmt Major geworden.»

«Wir haben den letzten Umsturz vor siebzehn Tagen gemacht. Wird man in so kurzer Zeit befördert?»

«Wäre der Umsturz erfolgreich gewesen, hätten Sie drei Dienstgrade auf einmal genommen!»

Der Hauptmann hob seine Augen hoffnungsvoll zur Decke, streckte die Unterlippe vor und bog sie mit einem Finger auf das Kinn herunter. Dabei murmelte er, als träume er von der Zukunft:

«Vielleicht klappt es diesmal.»

«Ana kapıdaki ve bahçe içindeki nöbetçileri nasıl geçtiniz?»

«Onların yirmi tanesi bizden, yirmisi hükümet kuvvetlerinden. Biz geçip geldik onlar kapıştılar, umarım hâlâ dövüşüyorlar. Sorularınızla bize zaman yitirtiyorsunuz, bildirimizi okumamız gerekiyor tüm ülkeye...»

«Radyodan okumak pek uğurlu gelmiyor size, bu kez halka telefonla ulaşmayı deneseydiniz keşke. Sizin yerinizde olsam, gider merkez postanesini kuşatıp basardım. Orada bol bol telefon var.»

«Evet, ama elimizde o denli çok jetonumuz yok. Yanımıza çok çok mermi alacağımıza jeton alaydık keşke! Ama buyruk böyle.»

Nöbetçi amiri, ihtilalcileri yargılayan yargıç, onları sorgulayan savcı kimliğine bürünmüştü sanki. Karşısındakini pek önemsemez biçimde sordu.

«Peki bu ihtilal sağcı mı, solcu mu?»

«Sağını solunu karıştırma şimdi, bana kalırsa üç hafta sonra yolcu!»

«Neden ki?»

«Bir başka grup yenisini yapar da ondan...»

«Bu gece buraya gelmekle iyi etmediniz. Hadi gidin öbür gece gelin n'olur. Son ihtilal girişiminizden sonra bir arkadaşımla bahse girmiştim, on sekiz gün içinde bir yenisi olmaz diye. On yedinci gün pat damladınız. Gitti bizim altı şişe bira.»

«Üzüntülerimi bildiririm size. İhtilaller böyle ucuz mu? Topu topu altı biralık değeri mi var?»

«Hayır, biralar pahalı da... Neyse ziyanı yok, bahisten yitirdiğimizi ihtilal tazminatından kazanırız.»

Yüzbaşının yanıtında, biraz imrenme, biraz kıskançlık var gibiydi.

«Wie sind Sie denn an den Wachen am Hauptportal und im Garten vorbeigekommen?»

«Von denen gehören zwanzig zu uns und zwanzig zu den Regierungstruppen. Als wir auftauchten, gingen sie aufeinander los, ich hoffe, sie liegen sich noch immer in den Haaren. Doch mit Ihren Fragen verschwenden Sie unsere Zeit, wir müssen unsere Bekanntmachung nun dem ganzen Land verlesen.»

«Sie im Radio zu verlesen, dürfte nicht so günstig sein. Hätten Sie doch lieber versucht, sie dem Volk übers Telephon nahezubringen. Ich würde das Hauptpostamt besetzen, dort gibt es massenhaft Telephone.»

«Ja, aber wir haben nicht so viele Telephonmünzen. Wir hätten lieber mehr Telephonmünzen statt der Patronen mitnehmen sollen. Aber so lautete nun mal der Befehl!»

Der Chef vom Dienst schien in die Rolle des Richters geschlüpft zu sein, der Putschisten verurteilte, oder in die des Staatsanwaltes, der sie verhörte. Er stellte seine Fragen nicht gerade respektvoll.

«Also ist das jetzt ein rechter oder ein linker Umsturz?»

«Lassen wir mal rechts und links beiseite, wenn ich recht behalte, verschwinden wir sowieso in drei Wochen wieder.»

«Warum denn das?»

«Weil eine andere Gruppe einen neuen Umsturz macht.»

«Daß Sie heute nacht hier aufkreuzen, war nicht besonders gescheit. Sie gehen am besten und kommen ein andermal wieder. Nach Ihrem letzten Umsturz habe ich mit einem Freund gewettet, er meinte, daß Sie die nächsten achtzehn Tage keinen neuen versuchen. Nun sind siebzehn Tage um, und Sie platzen hier herein: Meine sechs Flaschen Bier sind futsch.»

«Da möchte ich Ihnen mein Bedauern aussprechen. Sind Umstürze so billig? Alles in allem nicht mehr wert als sechs Flaschen Bier?»

«Nun, das Bier ist doch mehr wert... Aber was soll's, was ich bei der Wette verloren habe, kommt durch die Umsturzzulage wieder rein.»

In der Entgegnung des Hauptmanns schien ein wenig Neid, ein wenig Eifersucht mitzuschwingen:

«İhtilali biz yapıyoruz, tazminatını siz mi alıyorsunuz?»

«Radyoevinde bu vardiyada çalışanların ihtilal tazminatı vardır, onu diyorum. Ama siz yine de şu işi iki üç gün geciktirin. Bahis kazanmanın keyfi başka...»

«Olmaz beyim olmaz, ihtilal bu, ciddiyeti var bu işin, ihtilal dediğin demiryolları işletmesinin doğu postası değil ki, bir iki gün geciktirelim.»

«Peki niçin hiç televizyonu denemiyorsunuz da, her ihtilalde tak kapı radyoya damlıyorsunuz? Televizyonun bu geceki nöbetçi amiri yakın arkadaşımdır, bir telefon edivereyim isterseniz, size yardımcı olur.»

Yüzbaşı ihtilale hazırlanan bir asker değil de magazin dergilerinin ilgili köşesine radyo TV eleştirisi yazan bir izleyici rahatlığıyla tane tane konuştu:

«Radyo iyi kötü dinleniyor yine beyim, televizyonu izleyen yok ki ülkede... Bizim ihtilal bildirisi güme gider.»

«O zaman videobant hazırlatıp kaset kiralayan dükkânlara verin. İki film kaseti alana bir ihtilal kaseti versinler, eşantiyon olarak!...»

Bu öneriye yüzbaşı da, yanındaki teğmenler de güldüler.

«İhtilal yapmaya mı çıktık, yoksa şehir hatları vapurlarında çığırtkan isportacılığa mı?...»

Teğmenlerin pek hoşuna gitti bu yanıt. Başlarını sallayarak onayladılar yüzbaşılarını. Dahası bir tanesi, «Bravvo komutanım!» diye bağırdı.

«Ne bileyim yani, ihtilalcilere bir hizmetimiz olsun diye öneride bulunduk komutanım...»

«Bizim albay radyo dedi, radyoya geldik.»

Haydaaa!... Şu soruya bakın siz. Nereden çıktı şimdi, ancak ve ancak delikleri büyük bir mantık süzgecinden geçebilecek böyle bir soru!

«Wir machen den Umsturz, und Sie bekommen die Zulage?»

«Alle hier im Rundfunkhaus in dieser Schicht bekommen die Umsturzzulage. Sonst habe ich doch gar nichts gesagt. Aber könnten Sie nicht die Sache um zwei, drei Tage verschieben? Es ist doch ein ganz anderes Gefühl, eine Wette zu gewinnen.»

«Auf keinen Fall mein Bester, wirklich nicht. Das ist ein Umsturz, also eine ernste Sache. Das ist nicht so wie bei der Eisenbahnverwaltung; die können die Post für die Ostprovinzen schon mal zwei Tage liegenlassen.»

«Ok., aber warum probieren Sie's dann nicht mal mit dem Fernsehen? Bei jedem Umsturz fallen Sie mit Getöse beim Rundfunk ein. Beim Fernsehen ist in dieser Nacht ein guter Freund von mir Chef vom Dienst, wenn Sie wollen, rufe ich ihn schnell mal an, er wird Ihnen behilflich sein.»

Da sprach der Hauptmann plötzlich nicht mehr wie ein Putschist, sondern er gab eine genaue Analyse, wie ein Fernseh-Kundiger, der eine Kritik für die Fernsehseite einer Illustrierten schreibt:

«Radio hört man ja wenigstens noch einigermaßen häufig, mein Guter, aber das Fersehprogramm schaut sich doch im ganzen Land kein Mensch mehr an. Da wäre unsere Bekanntmachung über den Umsturz völlig für die Katz.»

«Dann nehmen Sie doch ein Video auf und geben Sie es den Videotheken. Jedem, der zwei Filme ausleiht, sollen sie auch ein Umsturz-Band mitgeben, gratis, als Muster ohne Wert!»

Über diesen Vorschlag lachten der Hauptmann und seine Leutnants nur.

«Machen wir hier einen Umsturz, oder sind wir fliegende Händler, die ihre Waren auf den Fährschiffen zwischen den Stadtteilen von Istanbul ausrufen?»

Diese Antwort gefiel den Leutnants. Sie nickten dem Hauptmann beifällig zu. Einer rief laut, «Bravo Kommandant!»

«Unser Oberst hat Radio gesagt, und deshalb sind wir hier.»

«Jetzt aber Schluß! Schau sich einer diese Frage an. Wie kommen Sie denn darauf? So eine Frage paßt ja wirklich nur durch ein Logikraster mit ganz groben Maschen!»

«Peki siz bu ihtilali yaparken tabana danıştınız mı?»

«Amir beyim, tabandan gelen iktidardır; ihtilaller, tavandan gelir. Ayrıca da ihtilallerde taban tabansızlaşır!»

«Ne yapalım, halk olarak, taban olarak yapacak bir şeyimiz yok. Hoş gelir sefalar getirir...»

«Sefası nerde bey kardeş, sefası nerde? Bu ihtilal de tam zamanını buldu. Bu hafta sonu ne güzel bir maç vardı, onu kaçıracağız bu gidişle.»

«İhtilallerde maçlar ertelenmiyor mu?»

«Bu maç ihtilal erteletecek bir maçtı aslında! Senin futbolla pek ilgin yok galiba?»

Her ihtilalde maçlar ertelenecek olsa, ligler üç yılda bitmez be!

Hem sonra ligleri ihtilal nedeniyle ertelersek FİFA kızar, beş ulusal maç yapmama cezası bile verir.»

«Keşke bir başka uluslararası kuruluş olsaydı da bu ülkeye arada bir ihtilal yapmama cezası verseydi, siz de rahat ederdiniz, biz de!»

Bu sırada amirin masasındaki telefon çaldı. (Böyle anlarda telefonlar genellikle – ne demekse – acı acı çalar, bazı korku film ya da romanlarında. Çalmaz da böyle çaldırılır daha doğrusu. Zilin acısı, tatlısı nasıl olur, diye düşünür dururum yıllar yılı.

Telefon ya uzun uzun çalar, ya kısa kısa... Alttaki zil düğmesinin ayarına göre ya yüksek sesli çalar ya da biraz kısıkça. Amirin telefonu da biraz yüksek perdeden öttü hepsi bu. Öykücü olarak ben öyle çaldırmadım, zil ayarı öyleymiş.)

«Alo, buyurun radyoevi... Merhaba albayım. Sizin yüzbaşı mı? Evet burada. Bildiriyi hâlâ niçin mi okumadı?

Hayır, kesinlikle hayır albayım.

Bizim bütün ihtilallere aynı derecede, saygımız

«Na schön, haben Sie sich denn mit der Basis abgesprochen, als Sie den Umsturz planten?»

«Guter Chef, von der Basis geht die Macht aus, die Umstürzler kommen von oben. Und außerdem wird bei Umstürzen die Basis ihrer Basis beraubt!»

«Was können wir da tun? Als Volk, als Basis können wir gar nichts tun als ‹Tritt ein, bring Glück herein!› rufen.»

«Was für ein Glück denn, mein Lieber? Der Umsturz kommt wieder genau zur richtigen Zeit. Dieses Wochenende sollte das große Spiel sein. Das werden wir jetzt verpassen.»

«Kann man nicht bei Umstürzen das Spiel verschieben?»

«Eher sollte man für das Spiel den Umsturz verschieben. Du scheinst dich nicht so sehr für Fußball zu interessieren?»

«Wenn wegen jedem Umsturz die Spiele verschoben würden, wären die Ligaspiele in drei Jahren noch nicht ausgetragen, Mensch! Und wenn wir wegen der Umstürze die Meisterschaften verschieben würden, wäre die FIFA sauer; die könnten uns fünfmal von Länderspielen ausschließen!»

«Gäbe es doch nur eine andere internationale Organisation, die diesem Land ab und zu die Umstürze verbieten würde. Dann hätten Sie Ihre Ruhe und wir auch!»

In diesem Moment klingelte das Telephon auf dem Tisch des Chefs. (In solchen Augenblicken klingelt das Telephon – was immer das zu bedeuten hat – stets sehr schrill. Wie in manchen Horrorfilmen oder Romanen. Normalerweise klingelt es zwar nicht so, aber man läßt es so klingeln. Wie ein Telephon eigentlich schrill oder melodisch klingeln kann, frage ich mich ohnehin schon lange? Entweder klingelt es langgezogen oder ganz kurz – je nach Einstellung des Knopfs an der Unterseite, mal lauter, mal etwas leiser. Das Telephon des Chefs kam sich einfach ein bißchen zu wichtig vor, das war alles. Nicht ich als Autor dieser Geschichte habe es so klingeln lassen, der Klingelknopf war so eingestellt.)

«Hallo, hier ist die Radiostation. Guten Tag, Herr Oberst. Ihr Hauptmann? Ja, er ist hier. Warum die Bekanntmachung nicht verlesen wurde? Nein, bestimmt nicht, Herr Oberst. Bei uns werden alle Umstürze mit der gleichen Achtung behandelt. Wir haben auch keine Schwierigkeiten gemacht

vardır. Zorluk çıkardığımız filan yok. Radyo bozuk. Hayır efendim, o anlamda değil, radyo çalışanları olarak size bozulmadık. Teknik arıza var, onu gidermeye çalışıyoruz. Biter bitmez ihtilali başlatabilirsiniz. Hayhay albayım, vereyim yüzbaşıyı.»

İhtilalin öyle pek aman aman emir komuta zinciri içinde olmadığı sezinlenmiş olsa da, yüzbaşı bu işe inanmasa albay sözünü duyar duymaz telefon başına geldiğinde postallarının topuklarını «çaatttt» diye birbirine vurarak esas duruşa geçer miydi? Sigarasını tablaya bastırarak üniforma düğmelerinin tümünün kapalı olup olmadığını kontrol eder miydi? Yapmazdı bunların hiçbirini. Ama yine de albayını sevip sayıyordu besbelli, yoksa en azından telefona giderken sevip saymak bir yana sövüp sayardı. Oysa hiç mırın kırın etmeden çakı gibi, dimdik durarak başladı konuşmasına.

«Buyurun sayın albayım. Evet bozukmuş efendim. Teknisyenler uğraşıp duruyor giderebilmek için. Tamam efendim, anlıyorum, biz bu yolda kellemizi koyduk, ama bunu halkımıza nasıl anlatacağız ki radyo olmadıktan sonra. Emredersiniz televizyona gidelim, hem oradaki nöbetçi amir buradaki nöbetçi amirin yakın dostuymuş, bizim için bir şeyler yapabilirmiş. Haklısızın albayım, bizim ihtilalimiz kıçı kırık iki nöbetçi amire kalmadı elbet.

Tamam, geliyorum hemen. Yalnız, biraz önce aldığım habere göre radyoevi bahçesindeki askerlerimizden on tanesi karşı tarafa geçmiş. Yok efendim karşı taraftaki bilardo salonuna değil, ihtilali engellemek isteyenlerin tarafına geçmişler. Onları ne yapayım? Önlerinden geçerken dönek kalleşler mi diyeyim? Peki öyle yaparım, gerekirse biraz da tükürürüm yüzlerine. Peki kan dökmeyelim. Çay mı? Evet çay çay!

oder so. Das Radio ist kaputt. Nein, Herr Oberst, so dürfen Sie das nicht verstehen, wir Angestellten hier im Radio haben nichts gegen Sie. Es ist ein technischer Defekt, wir versuchen, ihn zu beheben. Sobald wir ihn behoben haben, können Sie mit dem Umsturz anfangen lassen. Selbstverständlich Herr Oberst, ich gebe Ihnen den Hauptmann.»

Wenn auch zu vermuten war, daß der Umsturz nach Befehl und Ausführung nicht so recht vorankam, und auch der Hauptmann nicht so recht daran glaubte, hat er da etwa bei dem Wort Oberst, als er den Hörer übernahm, sofort laut knallend die Hacken zusammengeschlagen?

Hat er etwa seine Zigarette ausgedrückt und dabei überprüft, ob seine Uniformknöpfe alle zu waren? Nichts dergleichen hat er getan. Es war dennoch klar, daß er seinen Oberst liebte und verehrte, doch als er zum Telephon ging, ließ er Liebe und Verehrung beiseite und schimpfte wie ein Rohrspatz. Ohne viel Hin und Her stand er kerzengerade am Telephon und begann geschäftig zu sprechen.

«Zu Befehl, Herr Oberst. Ja, scheint kaputt zu sein. Die Techniker bemühen sich schon, den Schaden zu beheben. Jawohl Herr Oberst, ich verstehe. Wir haben unseren Kopf hingehalten, aber wie sagen wir es unserem Volk, wenn das Radio nicht funktioniert. Wenn Sie befehlen, gehen wir zum Fernsehen, denn der dortige Chef vom Dienst ist ein enger Freund des Chefs hier und kann etwas für uns tun. Sie haben recht Herr Oberst, unser Umsturz soll nicht an zwei blöden Rundfunkleuten hängenbleiben. Zu Befehl, ich komme sofort. Doch wie ich gerade eben höre, sind zehn unserer Soldaten im Garten des Rundfunkgebäudes zur Gegenseite übergegangen. Nein Herr Oberst, nicht in den Billardsalon auf der anderen Straßenseite, sie sind zu denen übergelaufen, die sich dem Umsturz in den Weg gestellt haben. Was soll ich mit denen machen? Soll ich sie ehrlose Verräter schimpfen, wenn ich bei ihnen vorbeikomme? Ok., so werd ich es machen, wenn nötig spucke ich ihnen noch ein bißchen ins Gesicht. Jawohl, Blut wollen wir nicht vergießen. Wie bitte, Tee? Ja, Tee, Tee! Ja, der Chef hat gerade welchen aufge-

... Amir efendi yeni demledi de! Olur, çayı da dökmeyiz, ama esas kan dökmeyeceğiz! Okey komutanım. Ama albayım, kansız olunca da cansız oluyor. Bakın şimdi, bu bizimkisi ihtilal mi yani? Benim kayınço anlatırdı, onların zamanında ne canlı kanlı ihtilaller oluyormuş. Radyonun sesini açsan hoparlörden kan fışkırırmış. Şimdi benimle dalgalarını geçecekler yine. Durun hele albayım durun, kulağıma sesler geliyor. Radyo yayını mı başladı nedir? Yok yok, kapalı devre deneme yayınıymış. Tamam, emriniz olur biz de kapalı devre deneme ihtilali, ya da ihtilal denemesi yapalım. İyi de nasıl olacak o iş? Oldu komutanım, elimize mikrofonu alıp ihtilal bildirisini önemli sözcüklerin üstüne basa basa okuyalım...»

Albayla yüzbaşı konuşup dururlarken yeni bir ihtilal grubu daldı içeriye... Başlarındaki komutan gayet sert bir ifadeyle oradakilere, «teslim ol!» çağrısında bulundu. İhtilali başlatıyormuş. Yüzbaşı güldü.

«Radyo bozuk aslanım, radyo bozuk. Nah yaparsın ihtilali!»

Sonra telefonun öbür ucundaki albayına son tekmili verdi:

«Her iki ihtilal grubu muhaberat timleriyle onarım işine girişiyoruz. Bittiğinde mikrofonu kapan ihtilali başlatacak. Elbet komutanım elbet, önce biz kapmaya çalışacağız... Anlaşıldı tamam!...»

gossen. Zu Befehl, wir werden auch keinen Tee verschütten, aber vor allem kein Blut vergießen! Ok., Herr Oberst. Aber Herr Oberst, unblutig ist es ein bißchen langweilig. Hören Sie, ist das hier überhaupt ein Putsch? Mein Schwager erzählte immer, was es zu seiner Zeit für heftige, blutige Umstürze gegeben hat. Wenn man das Radio einschaltete, spritzte aus den Lautsprechern Blut. Jetzt verulken Sie mich wieder. Warten Sie einen Moment, Herr Oberst, ich höre Stimmen. Haben die Sendungen begonnen, oder was? Ach nein, sie machen nur Probesendungen in der sendefreien Zeit. In Ordnung, wie Sie befehlen, auch wir machen einen Probeumsturz in der sendefreien Zeit. Gut, und wie geht das? Schön, Herr Oberst, wir nehmen das Mikrophon in die Hand und lesen die Bekanntmachung vor, dabei betonen wir alle wichtigen Wörter besonders...»

Während der Oberst und der Hauptmann noch sprachen, stürzte plötzlich eine neue Gruppe Umstürzler herein. Der Befehlshaber an ihrer Spitze rief ihnen in scharfem Ton zu: «Ergebt Euch.» Er wollte mit dem Putsch beginnen. Doch der Hauptmann lachte nur.

«Das Radio ist kaputt, mein Löwe, es ist kaputt. Nix is mit Umsturz!»

Dann gab er dem Oberst am anderen Ende der Leitung seine letzte Meldung:

«Wir beiden Umsturz-Gruppen werden uns nun mit unseren Nachrichten-Einheiten an die Reparaturarbeiten machen. Wenn sie abgeschlossen sind, wird die Gruppe den Umsturz machen, die als erste das Mikrophon in die Hand bekommt. Klar Herr Oberst, unsere Gruppe wird versuchen, es zuerst zu erwischen... Verstanden, Ende...»

Tezer Özlü

Hayalet Oğuz

Biz yıllardır bu kentte yaşıyoruz. İçimizde ömrü bitenler oldu. Onları oldukça eğlentili törenlerle gömdük. Bu törenlerden ağıt ve içtenlik yönünden en ağır basanı Hayalet Oğuz'un cenaze töreni oldu. Oğuz, İstanbul'da yaşadı. Oğuz bir dönemi yaşadı. Yeryüzünde belki de hiç kimsenin yaşayamadığı gibi. Tek bir sandalye sahibi olmadı. Bir, iki giysisi temizleyicide durur, kirlenince yenilerini satın alır, iç çamaşır ve çoraplarını en yakın çöp tenekesine atardı. Ev almadı, ev kiralamadı, eşya almadı, eşya tamir ettirmedi, belki de bir tek mobilya mağazasına girmedi. Pasaport almadı, karı almadı, karı boşamadı, kimseyi gebe bırakmadı, resmî dairelere girip çıkmadı.

Bir kez bir kadın parmağına yüzük takıp:

– Oğuz, sen benim nişanlımsın, dediyse de, Oğuz kadının başkalarıyla yatıp kalkmasına hiç ses çıkarmadı. Kimseye baskı yapmadı, canlı ya da cansız hiç bir şeye malı gözüyle bakmadı. Nişanlı geldiği gibi gitti. Bu da Oğuz'u ne sevindirdi, ne de üzdü.

Oğuz'u, ilkokulu bitirdiğim yıl Fatih'teki evimizin balkonundan ağabeyimin odasına bakınca görmüştüm. İncecik bir adam, yatakta uyuyordu. Zayıflıktan ölmüş gibiydi. Yüreğim burkuldu. Anneme koştum:

Anne, içeride yatan adam zayıflıktan ölecek, dedim.

Oğuz, 21 yıl sonra, 1975 eylül ayında öldü. 21 yıl süreyle birbirimizi çok sık gördük. Aynı evlerde yaşadık, aynı çevrelerde dolaştık. Aynı kitapları okuduk. O, özellikle yeni çıkan telif kitapları ilk günden edinirdi. Ya yazar ona vermiş, ya da Oğuz satın almıştı bile.

Tezer Özlü
Unser schattenhafter Oğuz

Wir lebten seit Jahren in dieser Stadt. Viele Bekannte sind hier gestorben, und wir haben sie mit fidelen Festlichkeiten beerdigt. Die Beisetzungsfeier für Oğuz machte uns aber zu schaffen, weil wir besonders aufrichtig um ihn trauerten. Oğuz lebte in Istanbul. In seiner Welt. Wohl niemand sonst hätte so ein Leben führen können. Er besaß nicht einmal einen Stuhl, hatte nur ein paar Kleider bei der Reinigung hängen. Wenn seine Sachen schmutzig waren, kaufte er sich neue; schmutzige Socken und Unterwäsche warf er in einen Papierkorb. Er hat nie eine Wohnung gemietet, nie ein Haus gekauft. Er schaffte sich nichts an, ließ nichts reparieren. Er hat nie ein Möbelgeschäft betreten, nie einen Paß beantragt. Er hat keine Frau geheiratet, sich von keiner scheiden lassen, keine geschwängert. Er war nie auf einer Behörde.

Einmal steckte ihm eine Frau einen Ring an den Finger:

«Oğuz, jetzt bist du mit mir verlobt.»

Nun, Oğuz hatte nichts dagegen, wenn sie auch mal mit einem anderen schlief. Er setzte niemanden unter Druck; egal ob Personen oder Sachen, er hatte keine materiellen Interessen. Seine Verlobte ging, wie sie gekommen war. Auch das hat ihn weder gefreut noch betrübt.

Ich habe Oğuz zum ersten Mal in dem Jahr gesehen, in dem ich die Grundschule abschloß, als ich vom Balkon unserer Wohnung in Fatih in das Zimmer meines großen Bruders schaute. Da lag ein spindeldürrer Mann auf dem Bett und schlief. Er sah aus, als wäre er an Unterernährung gestorben. Mein Herz zog sich zusammen. Ich rannte zur Mutter:

«Mutter, der Mann da drinnen verhungert.»

Oğuz ist einundzwanzig Jahre später im September 1975 gestorben. In diesen Jahren haben wir uns sehr oft gesehen. Wir wohnten in derselben Wohnung, bewegten uns in denselben Kreisen, lasen dieselben Bücher. Bücher besorgte er sich immer am Tag ihres Erscheinens. Entweder der Autor schenkte sie ihm, oder er hatte sie schon gekauft.

Okuyayım, sana bırakırım, derdi.

Ya da en ilginç, en olmayacak satır ve sayfaları bulur, yüksek sesle bana okur, kitabın özünü bir iki dakikada ortaya koyuverir, arkasından bir de şakasını yaptıktan sonra, kitabı bırakır giderdi.

Çoğunlukla da elinde bir İngilizce polisiye roman bulunurdu. Türkçe'ye çeviri ve derleme olarak yüze yakın kitap kazandırmıştı. Adını hiç bir zaman çevirmen, yazar, ozan, şunu yaptı, buna çalışıyor, bunu hazırlıyor... gibilerden kullanmadı. Yazın çalışmalarında tam bir fabrika işçisiydi.

Sığınabileceği bir köşede çalışır, çalışması bitmeden kazanacağı parayı çekmiş, bitirmiş, sayfalarca çeviri bedeli de borçlu kalmış olurdu. Yüzlerce film senaryosu yazdı Yeşilçam'a. Bunların tümünün adını bile bilmez, filmleri de görmemiştir. Parasını alınca dar paçalı bir bulucin, bir kazak, bir montgomeri ya da mevsime göre yeni bir gömlek satın alırdı.

İyi bir yemek yer, ardından Kulis, Papirüs gibi barlara uğrar, barmenlere önceki içki borçlarını öder, yanındakilere içki ısmarlar, oracıkta rastgeldiği bir iki dostuna:

– Şu paramı saklayıver, sonra senden isterim, hepsini bitirmeyeyim, der, belki o gece Klüp 12'de bir şişe viski açtırır, geceyi bir bar kadınının yanında,

kadına dokunmadan sızarak geçirir, ertesi gün bir Bafra sigarası alacak parası kalmadan, gene Taksim – Beyoğlu çevresinde yaşamına başlardı.

Kurbağa bacağı, mantar turşusu gibi garip yiyecekler severdi. Beyoğlu'na gelen ilginç filmleri de ilk gören o olurdu. Çok ender insanda rastlanan bir zekâsı vardı. Ölmeden beş gün önce
56 Bulvar Kahvesinde oturuyorduk. Oğuz: E.'ye
57 uğradım. Sen benden daha önce gebereceksin,

«Wenn ich es gelesen habe, bekommst du es», sagte er.

Er fand immer gleich die interessantesten, die unglaublichsten Stellen, die er mir dann laut vorlas. Im Nu fand er das Wesentliche eines Buches heraus. Wenn er dann noch etwas herumgeflachst hatte, überließ er mir das Buch und ging.

Meistens hatte er einen englischen Kriminalroman dabei. Mit seinen Übersetzungen ins Türkische und seinen Anthologien brachte er es fast auf hundert Bücher. Seinen eigenen Namen nannte er nie, wenn Autor, Übersetzer oder Herausgeber zu nennen war. Was er tat, plante, versuchte: sich selber ließ er unerwähnt. Als Schriftsteller war er wie ein Fabrikarbeiter. Er arbeitete in einem Winkel, wo er untergekrochen war. Bevor eine Arbeit fertig war, hatte er schon das Honorar kassiert und ausgegeben. Es kam vor, daß er Schulden hatte, die dem Betrag für viele Seiten Übersetzungen entsprachen. Er schrieb Hunderte von Drehbüchern für die Schnulzenfilmer in der Yeşilçam-Gasse. Er wußte nicht die Namen aller seiner Filme, und die Filme selber hat er nie gesehen. Bekam er sein Geld, kaufte er sich Jeans, einen Pullover, eine kurze Jacke, oder, je nach Jahreszeit, ein Hemd.

Er ging gut essen. Dann schaute er mal bei einer Bar wie der «Kulisse» oder dem «Papyrus» rein und zahlte dem Barkeeper seine Schulden. Er gab für ein paar Leute einen aus. Zu Freunden, die er dort zufällig traf, sagte er:

«Steckt das Geld hier weg, ich will nicht alles auf einmal ausgeben. Ich erbitte es ein andermal zurück.» In einer solchen Nacht kam es vor, daß er im «Klub 12» eine Flasche Whisky springen ließ und die Nacht im Halbschlaf dösend bei einer Barfrau verbrachte, ohne sie auch nur anzufassen. Am nächsten Tag nahm er sein Leben zwischen Taskim und Beyoğlu wieder auf, mit so wenig Geld in der Tasche, daß er sich nicht einmal ein Päckchen Bafra-Zigaretten kaufen konnte.

Er aß gern ausgefallene Sachen wie Froschschenkel und eingelegte Pilze. Wenn ein interessanter Film in Beyoğlu lief, war er immer der erste, der ihn gesehen hatte. Er war klug und verständig, wie man es selten findet. Fünf Tage vor seinem Tod saßen wir im Café Boulevard. Oğuz erzählte lachend, er sei bei E. vorbeigegangen, und der habe zu ihm gesagt: «Du

çok seviniyorum dedi, diye gülerek anlattı. Hepimiz gülüştük. İnsanın, kendi ölümü üzerine ölmeden dört gün önce şaka yapabilmesi üstün bir zekânın bile işi değil. Ölmeden dört gün önce, insanın hastaneye traşlı bir yüzle gitmesi için, Cağaloğlu'nda para araştırması inanılır gerçek değil.

Biz hep «Hayalet ölmez», diye düşünüyorduk. Onu, Heybeliada sanatoryumuna götürmedik bile. Son yemegimizi Degüstasyon'da yedik. Salçalı bir dana söylemiş: Ağzının tadını bilen ağabeyin de, hep bu soslu danayı yer burada, demişti. Ben de arsızlıkla onun soslarına ekmek batırmış, bir ay Heybeliada'da dinlen, sakın İstanbul'a inme, biz gelir seni görürüz, demiştim. Erken çıkmıştık lokantadan.

İstiklâl Caddesi kalabalıktı gene. Havasız ve pisti her zamanki gibi. Oğuz heyecanlı idi. Sanki önemli bir olay onu bekliyordu. Erken yatmak, bir an önce hastaneye gidip, yerine uzanmak istiyordu. Ama bu gidiş hastaneye, ölüme falan değil de, hiç çıkmadığı bir Avrupa yolculuğu, ya da sevdiği bir kadınla buluşacağı sabahı bekleyiş gibiydi.

– Senin de Celâl Sılay için yazdığını okudum, dedi.

– Meraklanma, senin ölüm yazını da kaleme alıyorum, dedim.

Gülüştük.

Tünel'e doğru yürüyecekti. Otuz yıldır yaşadığı bu caddede son yürüyüşü olacaktı bu, yorgundu.

Ağabeyimin evinde uyuyacaktı, yanında pek tanımadığı bir üniversiteli genç kalacakzı. Bu çocuk onu sabah Ada vapuruna bindirecekti. Ve Oğuz dört gün sonra akciğer kanserinden boğularak ölecekti. Kırkaltı yaşında ve kırkaltı kilo olarak.

wirst vor mir krepieren, das freut mich unheimlich.» Darüber haben wir alle gelacht. Aber wie abgeklärt ein Mensch auch sein mag, fünf Tage vor seinem Tod kann er darüber doch keine Scherze machen. Daß dieser Mensch, um ordentlich rasiert ins Krankenhaus gehen zu können, noch vier Tage vor seinem Tod in Cağaloğlu herumlief, um Geld aufzutreiben, ist ebenso unglaublich.

Wir dachten immer, «der Schattenhafte» stirbt nie. Wir begleiteten ihn nicht einmal in die Klinik auf Heybeli. Das letzte Mal aßen wir gemeinsam im «Degüstasyon». Er hatte Kalbfleisch in Tomatensoße bestellt und sagte: «Dein großer Bruder weiß, was gut schmeckt, er ißt hier immer Kalbfleisch in Soße.» Während ich immerzu mein Brot in seine Soße tauchte, sagte ich: «Erhol dich einen Monat in Heybeliada und komm ja nicht inzwischen nach Istanbul! Wir kommen und besuchen dich.» Wir verließen das Lokal früh. Die İstiklâl-Straße war voll wie immer. Und wie immer war es stickig und schmutzig. Oğuz war aufgeregt, als erwarte er etwas Wichtiges. Er wollte früh schlafen gehen, sich am nächsten Morgen gleich ins Krankenhaus begeben und dort auf seinem Bett ausstrecken. Daß er dorthin ging, hieß nicht, daß er dem Tode nahe war, es war eher so, als warte er auf den Morgen, um nach Europa, wo er nie gewesen war, zu verreisen, oder um sich mit einer Frau, die er liebte, zu treffen.

«Ich habe gelesen, was du über den Schriftsteller Celâl Sılay geschrieben hast», sagte er zu mir.

Darauf ich: «Keine Sorge, ich werde auch deinen Nachruf schreiben.»

Wir lachten beide.

Er wollte in Richtung Tünel gehen. Es sollte das letzte Mal sein, daß er diese Straße entlangging, in der er dreißig Jahre gelebt hatte. Er war müde. Es war ausgemacht, daß er bei meinem älteren Bruder übernachten sollte. Ein Student, den er nicht näher kannte, sollte nach ihm schauen und ihn am Morgen zum Schiff nach den Prinzeninseln begleiten. Und es war vorherbestimmt, daß Oğuz vier Tage später an Lungenkrebs starb, der ihm die Luft abschnitt. Im Alter von 46 Jahren und mit einem Gewicht von 46 Kilo.

Oğuz öldükten birkaç gün sonra şunları yazmaya çalışmıştım: Sevgili Oğuz İstanbul kentini bu Eylül ayı bıraktı. 3 Eylül 1928'de doğdu. 17 Eylül 1975'de öldü. 1.73 boyunda, 46 kilo idi. Şişli camisi avlusuna tabutunu dört kişi hafif bir çanta taşır gibi getirdi. O zaman tabutun içinde onun yattığına kuşkum kalmadı.

Oğuz'un çok güzel, nerdeyse kitap adı gibi «Eğlentili Bir Gömme Töreni» oldu. Mezarına sahip çıkacak bir hısmı bulunamadı. Yanına kimse gömülmesin, mezar cemaatın olmasın diye, tapusu Sinematek Derneği adına çıktı.

Oğuz'un çok güzel bir mezarı oldu. Üzerine açık leylâk rengi kır çiçekleri diktik. Mezarlıklarda ekmek paralarını çıkaran çocuklar da bol su döktüler. Toprak canlandı. Güzel koktu. Çelenklerini üstüste yığdık. Çocuklar gene diri gonca gülleri suladı. Görevimiz bitmişti.

Otuz kadar yakın dostu Krepen Pasajı'ndaki Neşe Meyhanesinde oturup, onun anısına yedik, rakı içtik, üstelik iştahla yedik. Akşamüstü aşuresi bile pişip geldi.

Beyoğlu'ndan uzlaklaşırken biraz sarhoş ama çok üzgündüm.

Oğuz yaşamının çeyrek yüzyılını elliye yakın dostunun evinde geçirdi. Oğuz aylarca da benimle kaldı. Onun konukluğu bir kelebek gibiydi. İnsana kendini hiç belli etmemeye çalışır, hiç bir özel isteği olmaz, ince ve sevimli bir sesle konuşur, eve gelirken çiçekler ve pasta getirir, bana Alman eğitiminden geçtiğim için, Mutti, derdi.

Yatma saati geldiğinde bir yere kıvrılıp uyuyuverir, sabah yanına erken saatte bile gelinse, hemen bir espri yapardı:

– Ne o, sahura mı kalktın?

Kimsenin görmesine olanak vermeden hemen

Einige Tage nach Oğuz' Tod versuchte ich folgenden Nachruf zu schreiben: «Unser lieber Oğuz hat die Stadt Istanbul diesen September verlassen. Er war am 3. September 1928 geboren und ist am 17. September 1975 gestorben. Er war 1,73 Meter groß und wog 46 Kilo. Vier Männer trugen seinen Sarg in den Hof der Şişli-Moschee, als wäre er eine leichte Tasche. Da hatte ich keinen Zweifel, daß *er* in dem Sarg lag.»

Oğuz hatte eine sehr schöne, vergnügliche Trauerfeier. Nun, das könnte die Überschrift sein. Es war kein naher Verwandter zu finden, der das Grab übernehmen konnte. Damit niemand neben ihm begraben, damit es kein Gemeinschaftsgrab würde, wurde es auf den Namen des Clubs der Cineasten eingetragen. Oğuz hatte ein wunderbares Grab. Wir pflanzten fliederfarbene Feldblumen drauf, und die jungen Leute, die auf den Friedhöfen ein bißchen Geld verdienen, gossen sie gut an. Die Erde belebte sich. Es duftete wunderbar. Wir legten die Kränze übereinander. Die Jungen kümmerten sich um die frischen, knospenden Blumen. Wir hatten getan, was wir ihm schuldig waren.

Mit dreißig seiner engen Freunde saßen wir in der Kneipe «Zur Guten Laune» in der Krepen-Passage zusammen. Im Gedenken an ihn aßen wir und tranken Rakı, aßen sogar mit Appetit. Gegen Abend gab es noch süße Aşure.

Als ich Beyoğlu verließ, war ich etwas angeheitert, aber doch auch sehr traurig.

Oğuz hatte ein Vierteljahrhundert bei seinen fünfzig besten Freunden gewohnt. Monatelang auch bei mir. Als Gast war er wie ein Schmetterling. Er verhielt sich möglichst unauffällig, erbat nie etwas für sich, sprach immer liebenswürdig, brachte oft Kuchen und Blumen mit. Zu mir sagte er «Mutti», weil ich ein deutschsprachiges Gymnasium besucht hatte.

Wenn es Zeit war zu schlafen, rollte er sich irgendwo zusammen und schlief sofort ein. Morgens, auch wenn man sehr früh zu ihm kam, machte er gleich einen Scherz:

«Na, willst du noch vor Sonnenaufgang essen, weil du meinst, daß Fastenmonat ist?»

Er zog sich so schnell an, daß ihm niemand dabei zu-

giyiniverir, azalmış saçlarını özenle tarar, kolonya sürer, bir bardak çayını kendi koyup, Bafra sigarasına başlardı.

Oğuz, yanında kaldığı dostlarına aldığından çok daha fazlasını verdi. Dostluk, güleryüz gösterdi onlara. Akıllıca yapılmış şakaları ve bulunmaz kişiliğiyle öylesine yeri doldurulamaz bir insandı ki, onu tanımış, onunla birlikte günler, geceler geçirmiş olmayı, erişilebilecek mutlulukların en büyüklerinden sayıyorum.

Balıkpazarı meyhaneleri, Beyoğlu lokanta ve gece kulüpleri, kahveler, Nazmi, Kaptan ve ender olarak gittiği birkaç taşra kentinde geçen bu kısa yaşam, boyutlarına yeryüzünde herkesin erişemeyeceği bir yaşamdı.

Ölümünden altı ay kadar önce, yağışlı bir günde bana küçük bir valizini getirdi. Yıllardır hiç açılmamış. Afrika Handa, Bülent Oran'da kalmış bir valiz. İçinden iki taş baskısı örtü çıktı. Yepyeni. Onları bana verdi.

– Bunları bir kızla birlikte almıştık, dedi.

Kadının güzelini bilir, bu kadınlara annesi, arkadaşı ve aynı zamanda sevgilisiymiş gibi bakardı.

Valizden ayrıca: yedi sekiz yıldır kullanılmamış bir diş fırçası, çoğu bitmiş bir İpana diş macunu, Yüksel Arslan ve Ömer Uluç'la bir fotoğrafı, gene arkadaşlarıyla Bebek'te lokantada bir fotoğrafı, film çalışması yaparken bir fotoğrafı, temiz iki beyaz cin pantalon, fayans üzerine basılmış antik bir oto resmi, kirli çorap ve kirli çamaşır, bir iki ozanın adına imzaladığı kitap, bir iki kolej kitaplığından alınma İngilizce ekonomi kitabı çıktı... hepsi bu, işe yararlarını bana verdi, gerisini attı.

Son olarak kaldığı ağabeyimin evinde, ölü-

münden sonra şunlar ilişti gözüme: Hastaneye-

schauen konnte, kämmte sich sorgfältig, nahm etwas Kölnisch Wasser. Dann machte er sich selber Tee und rauchte die erste Bafra.

Oğuz gab den Freunden, bei denen er wohnte, viel mehr, als er von ihnen nahm. Er zeigte ihnen seine Freundschaft mit immer lachendem Gesicht. Mit seinem gescheiten Witz und seiner ausgeprägten Persönlichkeit war er unersetzlich. Deshalb halte ich es für ein großes Glück, wie man es nur selten erlebt, daß ich ihn gekannt habe und mit ihm viele Tage und Nächte verbringen durfte.

Sein kurzes Leben, das sich in den Kneipen am Fischmarkt, in den Wirtschaften und Nachtlokalen in Beyoğlu, in den Kaffeehäusern, bei Nazım oder dem Kapitän, oder in sehr seltenen Reisen in Provinzstädte abspielte, war von solchen Dimensionen, wie sie nicht jeder auf der Welt erreichen kann.

Sechs Monate vor seinem Tod brachte er mir an einem Regentag eine kleine Reisetasche. Er hatte sie seit Jahren nicht geöffnet. Die Tasche hatte er bei seinem Freund Bülent Oran im «Afrika-Haus» untergestellt. Er zog zwei nagelneue Decken mit Steindruckmustern heraus und schenkte sie mir.

«Die habe ich mal zusammen mit einem Mädchen gekauft», sagte er.

Er kannte die Schönheit der Frauen, und sah in ihnen gleichzeitig die Mutter, die Freundin, die Geliebte.

In der Tasche waren noch eine Zahnbürste, die er sieben, acht Jahre nicht benutzt hatte, eine fast leere Tube Zahnpasta der Marke «İpana», ein Foto von Yüksel Arslan und Ömer Uluç, noch eins, das ihn mit Freunden in einem Lokal in Bebek zeigte, eins, auf dem er an einem Film arbeitet, zwei saubere weiße Jeans, eine Kachel, auf die ein altes Auto gemalt war, schmutzige Socken und Unterwäsche, ein paar von Autoren signierte Bücher, einige englische Bücher über Wirtschaftswissenschaften aus der Bibliothek der englischsprachigen Universität... Was ich von den Sachen verwenden konnte, schenkte er mir, den Rest warf er weg.

Bei meinem älteren Bruder, wo Oğuz zuletzt gewohnt hatte, fand ich noch einiges, was auf ihn hinwies. Auf seiner

getirmemizi istediği ve temizlettiği pantalonunun üzerinde Türkiye Cumhuriyeti 1960 Anayasası duruyordu. İngilizce bir polisiye romanını yarısına kadar okumuş, kaldığı yeri işaretlemişti, ağabeyimin telefon defterine en çok çalıştığı Yalçın Ofset'in telefon numarasını yazmıştı. Bunun dışında eski gocuğu, hiç yayımlanmamış bir iki şiiri, yazlık ayakkabıları ve şöyle bir not: daktilo otelde, gömlek temizleyiciden alınacak... Ayazpaşa'dan Levent'e... Levent'ten Ayazpaşa'ya... vb.

Yolları araç ve garip bir insan kalabalığının karşıdevrim gibi sardığı İstanbul'u «Katmandu»ya benzetiyor, son aylarında: «Artık gerçekten yaşamak istemiyorum, hiç tadı yok» diyordu. Ama bunu söylerken soyut bir bunalımı dile getirmiyordu. Oğuz, bunalan bir insan değildi. Onun akıl ve mantığı bu tür gereksizlikleri çoktan aşmıştı. Hiç bir zaman,

– Sıkıldım, acıktım, uykusuzum, yorgunum, bile demedi.

Akciğer kanserine yakalandığını bilmedi, yakınmadı da,

– Solurken ciğerlerim acıyor, uyutmuyor beni, demekle yetindi.

– Çok hastayım, demedi. Doktorun terimini kullandı: «Çok hastaymışım», dedi.

Her anlamda olumsuzlaşan İstanbul'u artık istemiyordu ve ölümü de öylesine umursamıyordu ki... hani;

– Beyoğlu'nun tadı kalmadı, artık öteki dünyaya gidelim, der gibi. Ve ölmeden dört gece önce Degüstasyon'un kapısı önünde karşılaştığımız Ali Poyrazoğlu'nun yanağından makas alıyor,

– Tatlıhayat kurbanları, gene nereye? diye takılıyordu.

(1976)

frisch gereinigten Hose, die wir ihm ins Krankenhaus bringen sollten, lag die Verfassung der Türkischen Republik von 1960. In einem noch nicht ausgelesenen englischen Kriminalroman hatte er angezeichnet, wie weit er gelesen hatte. Und im Telephonregister meines Bruders stand seine Eintragung der Nummer der Yalçın-Druckerei, wo er so oft gearbeitet hatte. Dann waren da sein alter Fellmantel, ein paar unveröffentlichte Gedichte, seine Sommerschuhe und eine Notiz: «Die Schreibmaschine ist im Hotel, das Hemd muß aus der Wäscherei geholt werden.» Und Fahrscheine, von Ayazpaşa nach Levent, von Levent nach Ayazpaşa...

Istanbul, das von den vielen Fahrzeugen und der unerhörten Menschenmenge auf den Straßen regelrecht besetzt war, verglich er mit «Katmandu». In seinen letzten Monaten sagte er oft: «Ich mag gar nicht mehr leben, es macht keinen Spaß mehr». Wenn er so sprach, steckte er nicht etwa in einer Krise. Er war keiner, der sich in Krisen treiben läßt. Sein Verstand, sein diszipliniertes Denken bewahrte ihn vor Krisen, hatte diese Art Unzulänglichkeiten längst überwunden.

Nie sagte er: «Ich langweile mich, ich bin hungrig, ich kann nicht schlafen, ich bin müde.»

Daß er Lungenkrebs hatte, wußte er nicht. Er beklagte sich auch nicht.

Er sagte nur: «Beim Atmen schmerzt meine Lunge, das läßt mich nicht schlafen.»

Er sagte auch nicht: «Ich bin sehr krank», sondern gab die Meinung seines Arztes wieder: «Ich soll sehr krank sein.»

Er mochte Istanbul nicht mehr, wo das Leben in jeder Hinsicht schlechter wurde. Darum nahm er seinen Tod vielleicht nicht so schwer... Denn es war, wie er sagte:

«Beyoğlu ist nicht mehr schön, es wird Zeit, in die jenseitige Welt zu gehen.» Und als wir vier Tage vor seinem Tod an der Tür des «Degüstasyon» den Schauspieler Ali Poyrazoğlu trafen, kniff er ihn in die Wange und neckte ihn:

«Na, du Opfer des süßen Lebens, wohin geht's denn?»

Samim Kocagöz

Bir pazar sabahı

Temel Reis, iri gövdesini az sağa çevirerek kahvenin kapısından girdi. Onu kapının içinde görünce, kâğıt oynayan dört kabadayı, hemen ayağa kalktı. Reis, eliyle onlara oturun, işinize bakın... dercesine bir işaret yaptı. Sonra heybetli, kıvırcık sakalını aynı eliyle şöyle bir sıvazlayarak camın önündeki bir masaya geçti oturdu. Kahveci Selim, koştu, masanın tozunu toprağını sildi. El bağlayıp bekledi. Reis,

«Sade olsun Selim, her zamanki gibi...» dedi.

Kahveci, masaların arasından yürüyüp, ocağa değin uzaklaşınca, Temel Reis, başını camdan yana çevirip, yeni tapulu gecekonduların yamacındaki geniş alana, onun ötesindeki mavi denize baktı. Sonra gözleri, kıyıdaki balıkçı teknelerinin sığındığı barınağı buldu. Bütün tekneler kıpır kıpırdı. Taş yığınlarının çevirdiği barınağın ucunda, fenerin beyaz yapısına vuran dalgalar, köpük köpüktü. İçini çekti reis, yaşına göre sapasağlam dişlerini sıktı, sonra soluğunu koyverdi. Onun canının iyice sıkkın olduğunu gören Muhtar Şakir Efendi, üstüne vardı inadına,

«Bakıyorum Temel Reisim, bugün bütün balıkçılar karaya vurdular... Tayfalar, uşaklar kâğıt oynuyor, sen de oturmuş denizi seyretmektesin...» diye seslendi oturduğu her zamanki masasından.

Reis, zoraki bir gülümsemeyle karşılık verdi:

«Bre muhtar kardaşım, sen hükümet temsilcisisin, görevin bu. Bugün günlerden pazar, o yüzden balığa çıkmadık. Sana bu kadarcık söyleyeyim de kavga etmeyelim...»

Bu sırada reisin kahvesini önüne koymakta olan Selim'in eli titredi. Fincandan iki damla

Samim Kocagöz

An einem Sonntagmorgen

Käpten Temel drehte seinen wuchtigen Körper ein wenig nach rechts und schob sich durch die Tür des Kaffeehauses. Die vier Nichtsnutze, die saßen und Karten spielten, erhoben sich sofort. Temel machte ihnen ein Zeichen, sich zu setzen und weiterzuspielen. Dann strich er sich über den mächtigen krausen Bart und setzte sich an einen Tisch am Fenster. Selim, der Inhaber des Kaffeehauses, lief beflissen herbei und wischte den Tisch ab. Dann wartete er, eine Hand in die andere gelegt, ehrerbietig auf die Bestellung. Der Käpten bestellte Kaffee:

«Ohne Zucker, Selim, wie immer...»

Während Selim zwischen den Stühlen hindurch zur Theke ging, schaute Käpten Temel aus dem Fenster auf das weite Feld am Abhang, auf dem die kürzlich legalisierten Gecekondu-Behausungen standen, und auf das blaue Meer dahinter. Er sah die Fischerboote, die sich hinter die schützende Mole geflüchtet hatten, im Wasser dümpeln.

Am Ende der mit aufgehäuften Felsbrocken befestigten Mole schäumten die Wellen umgestüm um die Mauern des Leuchtturms. Käpten Temel seufzte und biß die für sein Alter kerngesunden Zähne zusammen, seufzte laut. Bürgermeister Şakir Efendi, der sah, daß Käpten Temel ziemlich schlecht gelaunt war, sprach ihn trotzdem an, von dem Tisch aus, wo er seinen Stammplatz hatte.

«Wie ich sehe, Käpten Temel, sitzen die Fischer heute alle an Land. Die Bootsführer und ihre Gehilfen spielen Karten. Auch du sitzt da und betrachtest das Meer...»

Der Käpten lächelte gequält und erwiderte:

«Mensch, Bürgermeister, du bist ein Vertreter der Regierung, das ist deine Aufgabe. Wir sind heute nicht zum Fischen draußen, weil Sonntag ist. Ich sag dir nur eines: Fang keinen Streit an...»

Als Selim in diesem Augenblick dem Käpten den Kaffee hinstellte, zitterte seine Hand, und er verschüttete ein paar

tabağa döküldü. Temel, kahvecinin arkasına şöyle okşar gibi bir vurdu.

«Korkma be uşak, bugün hiç çekişesim, kavga edesim yok...» dedi.

Karşı köşede gazetesini okuyan semtin okulunun öğretmeni Yusuf Bey, elindeki gazeteyi masanın üstüne bıraktı. Ortaya konuştu:

«Karaya vuran yağlı çöp bidonlarını kurullar incelemekteymiş. En geç yarın öğle vaktine değin zararlı olup olmadıkları belli olacakmış... Gazeteler böyle yazıyor...»

Kahvenin içinde bir bağırdı ki Temel Reis, neredeyse kahvenin damı çatısı uçacaktı sesinden:

«Ulan bu hergeleler bizim memleketi çöplük mü sayarlar! Bütün balıklar sersemledi, ölüyor be yahu!»

Kahvenin içindeki millet birden içini dökmeye başladı:

«Efendim, bizi zehirlemek istiyorlar...»

«Milletin ekmeğiyle oynuyorlar...»

«Nerede bizim kıyıları koruyan gemilerimiz!»

Muhtar Şakir Efendi, ortalığı yatıştırmak istedi:

«Beyler... Efendiler... Telaş etmeyin, görüyorsunuz hükümetimiz her bir tedbiri almıştır...»

Herkes birden susuverdi. Ters ters muhtara baktılar. Temel Reis, herkesin içini sızlatan bir kahkaha atarak,

«Yakında biz de seni muhtarlıktan alacağız aziz Şakir Efendi kardaşım...» dedi.

Muhtar Şakir Efendi, masasından kalktı, Temel Reisin yanına geldi. Pencerenin önünde durdu. Eliyle karşıdaki, denize değin uzayan alanı gösterdi. Bu alan denizden içeriye doğru bağlık bahçelik bir topraktı. Meyve bahçeleri, sebze bahçeleri, ağaçlarla süslüydü.

«Bakın şuraya» diye bağırdı muhtar öfkeyle,

«bu vadi, yakında güllük gülistanlık olacak. Yazlık

Tropfen auf die Untertasse. Käpten Temel schlug ihm leicht und gutmütig auf den Rücken:

«Nun hab nicht gleich Angst, mir ist heute nicht nach Zank und Streit...»

In der Ecke gegenüber saß Yusuf Bey, Lehrer an der Schule des Bezirks und las Zeitung. Er legte die Zeitung auf den Tisch und sprach in den Raum:

«Die angeschwemmten Altöl-Fässer wurden von der Kommission untersucht. Bis morgen Mittag wird man wissen, ob sie umweltschädlich sind ... So steht es in der Zeitung.»

Da brüllte Käpten Temel los, daß fast das Dach des Kaffeehauses wegflog:

«Diese hergelaufenen Lumpen halten unser Land wohl für eine Müllkippe! Die Fische sind wie betäubt und gehen ein, Mensch!»

Da brach mit einem Mal der ganze Zorn aus allen im Kaffeehaus heraus:

«Sie wollen uns vergiften...»

«Sie setzen die Existenz des ganzen Volkes aufs Spiel.»

«Wo sind denn die Schiffe, die unsere Küsten schützen sollen?»

Şakir Enfendi wollte die Leute beruhigen:

«Aber meine Herren, Leute, regt euch nicht auf. Ihr seht doch: Unsere Regierung hat schon alle erforderlichen Maßnahmen ergriffen...»

Da schwiegen alle und schauten den Bürgermeister schief an. Käpten Temel brach in lautes Gelächter aus, das allen schmerzlich in den Ohren klang, und sagte:

«Wir werden dich bald ergreifen und aus dem Bürgermeisteramt werfen, Lieber Şakir Efendi...»

Şakir Efendi erhob sich, ging zu Käpten Temel hinüber und stellte sich ans Fenster. Dann deutete er auf das Stück Land drüben, das sich bis zum Meer hinunterzog. Überall Gärten und Weinberge. Obstgärten, Gemüsegärten, schön angelegt mit vielen Bäumen.

«Schaut mal da hinüber», schrie er zornig. «Dieses Gebiet wird bald das reinste Paradies sein. Sommerhäuser, Hotels und

evler, oteller, motellerle dolacak. Kentten kente giden karayollarından ayrılan bir yol, köyümüze geldi dayandı. Buraları yazlık kent olunca, köyümüz de şenlenecek... Zaten kentin bir mahallesi sayılırız. Burada hepiniz birer gecekondu sahibi oldunuz... daha ne istiyorsunuz? Ülkemiz baştan başa şantiye halinde. Çağ atlıyoruz! Çağ!»

Herkes, muhtarın bu söylevinden sonra, ne diyecek diye reise baktı merakla. O da sakin sakin,

«İyi bok yiyorsunuz...» deyiverdi, camdan dışarıya bakarak.

Muhtar Şakir Efendi, aslan kesildi. Neredeyse Temel Reisin üstüne çullanacak boyuna posuna bakmadan.

«Sen, bunca tanığın huzurunda hükümetin manevi kişiliğine hakaret ediyorsun!» diye bağırdı.

Temel Reis, camdan başını çevirdi, kabardıkça kabaran muhtara baktı:

«İyi ama Şakir Efendi, şimdicek hükümetten söz eden kim?»

«Sen ediyorsun.»

«Yok yahu, ben karşıdaki kesilen erik, şeftali gibi meyve ağaçlarından söz ediyorum. Bu güzelim ağaçları kesmekle cinayet işlediğinizi söylemekteyim. Kalkınmak mı bu? Hem demincek gecekondu yaptınız gibisine söz ettin. Biz balıkçıların köyüydü burası. Zaten evlerimiz vardı. Birkaç işçi arkadaşımız geldi yerleşti. Suç mu? E... seni de koltuklayayım, her ne çıkarın varsa, bu gecekonducu yurttaşlara tapu verdirdin. Sen mi verdin, başkası mı verdi... Her neyse...»

Muhtar Şakir Efendi, ne diyeceğini bilemedi. Taş kesildi. Gözlüğünü düzeltti parmakları ile. Sonra kır bıyıklarını çekiştire çekiştire yerine döndü hiçbir şey söylemeden. Yerine otururken dayanamadı:

Motels werden dort stehen. Von den großen Überlandstraßen ist nun auch eine Verbindung bis zu unserem Dorf gebaut worden. Wenn diese Feriensiedlung fertig ist, wird auch unser Dorf aufblühen... Wir sind ja ohnehin schon fast ein Teil der Stadt. Und ihr besitzt alle hier ein Gecekondu... Was wollt ihr mehr? Das ganze Land eine einzige Baustelle. Eine neue Epoche bricht an! Die moderne Zeit!»

Nach diesen Worten des Bürgermeisters blickten alle auf den Käpten und waren gespannt, was er dazu sagen würde. Er schaute zum Fenster hinaus und sprach ruhig:

«Ihr laßt euch ganz schön verarschen...»

Einen Moment schien es, als wolle sich Şakir Efendi geradewegs auf Käpten Temel stürzen und Kopf und Kragen aufs Spiel setzen.

Er schrie: «Du beleidigst hier vor so vielen Zeugen die moralische Integrität der Regierung!»

Käpten Temel wandte sich vom Fenster ab und schaute den Bürgermeister an, der immer mehr in Wut geriet:

«Was denn, wer redet denn von der jetzigen Regierung?»

«Du doch!»

«Oh nein, ich rede von den Pflaumen- und Pfirsichbäumen, von den Obstbäumen, die da drüben gefällt werden. Ich sage, daß es ein Verbrechen ist, die wunderbaren Bäume abzuhakken. Ist das der Fortschritt? Und dann hast du da was von Gecekondus gesagt. Unser Dorf war ein Fischerdorf. Wir hatten doch richtige Häuser. Dann sind ein paar Kollegen, Arbeiter gekommen und haben sich hier in Gecekondus niedergelassen. Ist das vielleicht ein Verbrechen? Na und dann haben wir dich, was immer deine persönlichen Interessen gewesen sein mögen, auf den Amtssessel gehoben, damit du den Leuten aus den Gecekondus einem Grundbucheintrag für ihre Hütten verschaffen solltest. Ob sie den von dir oder einem anderen verschafft bekommen, was spielt das für eine Rolle...»

Şakir Efendi wußte nicht, was er sagen sollte. Er war zu Stein erstarrt. Er rückte seine Brille zurecht, zerrte an seinem Schnurrbart und ging ohne ein Wort zu sagen an seinen Tisch zurück. Aber als er sich setzte, hielt er es doch nicht länger aus:

«Senin gibi bozguncular bu memleketi bastıracak zaten... Bak hele yanındaki camdan, millet pazar günü bile çalışıyor. Memleketteki ağaç kıtlığına kıran mı girdi?»

Temel Reis, gülmeye başladı:

«Ağaç da gerekli, adam da gerekli memlekete Şakir Efendi. Sana göre ağaç kıtlığına kıran girmediyse, girmemiştir. Ne ki bana göre, bana sorarsan, adam kıtlığına kıran girmiş ki, seni muhtar yapmışız...»

«Üstüme varma Temel, sonra fena yaparım...»

«Yaparsın... edersin... sustum işte... Selim be oğlum, balıklar ölüyorsa, biz daha ölmedik. Hepimize birer çay yap! Benden olacak...»

Kahvedekiler sevindi, «Ne zahmet... sağ ol...» diyerekten teşekkür ettiler. Reisin aklına geldi:

«Selim! Hocamızı da unutmayasın ha!»

Öğretmen sıkılmıştı olup bitenlere, zor durumda kalmaktan korkuyordu. Kaçmak için fırsat kolluyordu. «Öğretmene de çay!» lafını duyan Muhtar Şakir Efendi, oturduğu yerden seslendi:

«Ben, şimdi haksız mıyım hocam, Allah için sen söyle?»

Öğretmen şöyle bir toparlandı,

«Ben memur adamım Şakir Efendi, bana bulaşma. Sizin politikanıza karışmam. Üstüme varırsan, kalkar gider, bir daha da kahveye filan gelmem...»

Muhtardan önce, kahvede bulunanlar karşılık verdiler:

«Sen, muhtara, Şakir Efendiye boş ver hocam...»

Ne var ki Muhtar Şakir Efendi çok kızmıştı. İlle Temel Reis için öğretmenin bir şeyler söylemesini istiyordu:

«Canım Hocam,» dedi, «okulda çocuklara inkılapları anlatıyorsun. Biz de yeni inkılaplar içindeyiz... Söylesene...»

«Solche Miesmacher wie du tragen nur zum Untergang dieses Landes bei. Schau gefälligst aus dem Fenster: Die Leute arbeiten sogar sonntags! Haben wir denn nicht reichlich Bäume im Land?»

Käpten Temel fing an zu lachen:

«Das Land braucht die Bäume und das Land braucht die Menschen, Şakir Efendi. Wenn du findest, es gibt noch genug Bäume, dann gibt es eben noch genug. Aber wenn du mich fragst, dann haben wir den Leuten keinen Gefallen getan, als wir dich zum Bürgermeister gemacht haben...»

«Komm mir nicht zu nahe Temel, sonst passiert was.»

«Du machst dies... und dann das... ich bin ja schon ruhig ... Selim, mein Sohn, wenn auch die Fische tot sind, wir leben noch, mach also für alle einen Tee. Auf meine Rechung.»

Alle im Kaffeehaus freuten sich: «Sehr freundlich, schönen Dank.» Da fiel dem Käpten ein:

«Selim, vergiß mir ja den Hoca nicht!»

Dem Lehrer paßte nicht, was da vorging, er befürchtete Schwierigkeiten für sich. Deshalb wartete er auf eine Möglichkeit zu verschwinden. Als Bürgermeister Şakir Efendi hörte, daß man auch einen Tee für den Lehrer verlangte, wandte er sich von seinem Platz aus dem Lehrer zu:

«Nun sag um Gottes Willen, Hoca, hab ich nicht recht?»

Der Lehrer riß sich zusammen.

«Ich bin Beamter, Şakir Efendi, du ziehst mich da besser nicht mit rein. Ich will mich lieber nicht in eure Politik einmischen. Wenn du darauf bestehst, gehe ich und komme künftig nicht mehr ins Kaffeehaus.»

Bevor der Bürgermeister etwas sagen konnte, antworteten andere für ihn:

«Lehrer, mach dir nichts aus dem, was der Bürgermeister Şakir Efendi sagt.»

Doch der Bürgermeister regte sich furchtbar auf. Er wollte unbedingt, daß der Lehrer etwas zu Käpten Temels Ansichten sagte:

«Lieber Hoca, in der Schule erklärst du den Kindern die kemalistischen Reformen. Wir stehen heute auch in einem revolutionären Prozeß. Sag doch was.»

Öğretmen, gülüverdi:

«Haklısın Şakir Efendi. Okulda çocuklara inkılapları anlatıyor, devrimleri anlatamıyoruz ... İnkılapları öğrenmek istersen okula gelmelisin...»

Öğretmenin ne demek istediğini kahvedekiler pek anlayamadılar, ama muhtar anlar gibi oldu. Ne ki susması gerektiğini de anladı.

Temel Reis, bu laflar edilirken, gözü takılmış, durmadan Muhtar Şakir'e bakıyordu. Muhtarın dökülmüş saçlarından tepesine doğru kulakları uzayıp gidiyordu. Onun kulaklarına baktıkça reisin kafasından neler geçmiyordu neler... Bu adam, eşeğe benziyordu şu kulakları ile, hayvana benziyordu... Temel, «Hepimiz insanız be yahu...» diye düşündü bu kez. Başındaki yünden örülmüş gemici başlığını, tuttu, kulaklarından aşağıya çekti. Gerçekten hiçbir insanın kulaklarına bakılmamalıydı...

Çevirdi başını reis, yine denize bakayım dedi; ne ki gözü bu kez, karşı düzlükteki koca çınara takıldı. Yüzyıllıktı neredeyse çınar. Onu çocukluğundan bilirdi Temel. Şu ağustos güneşinin altında yaprakları yeşil yeşil, denizden esen rüzgârla oynaşıyordu. Altında top oynayan çocuklara da bakınca Temel Reis, basbayağı keyiflendi.

Kahveci Selim, çayları dağıtmış, reisinkini de önüne koymuştu. Kahvedekiler hem çaylarını içiyer, hem laflanıyordu. Oyun oynayanlar da oyunlarına dalmıştı yeniden. «İçmez mi ki benim ısmarladığım çayı...» diye Temel bir ara merak etti, döndü Şakir Efendiye baktı. İçiyordu canım... Kaç yıldır böylece kavga eder, yine barışırlardı...

Temel, yine dışarıya bakmaya başladığında birden irkildi,

Top oynayan çocuklar duraklamış, koca çınara doğru gelen, yaklaşan bir kalabalığa bakıyor-

Da lachte der Lehrer:

«Du hast schon recht Şakir Efendi. In der Schule erläutern wir den Kindern die Reformen. Aber die Revolutionen dürfen wir nicht erwähnen. Wenn du was von den Reformen hören willst, mußt du in die Schule kommen.»

Die Männer im Kaffeehaus verstanden nicht so recht, was der Lehrer sagen wollte, aber der Bürgermeister schien ihn zu verstehen. Immerhin begriff er, daß es besser war, zu schweigen.

Käpten Temel hatte während dieser Auseinandersetzung Şakir Efendi nicht aus den Augen gelassen. Dessen Ohren reichten von den schütteren Barthaaren bis zum Scheitel hinauf. Was ging Käpten Temel nicht alles durch den Kopf, während er sich Şakirs Ohren anschaute! Dieser Mann sieht mit seinen Ohren wie ein Esel aus, wie ein Tier. Doch dann dachte er wieder, «immerhin sind wir doch alle Menschen, oder?» Er packte die gestrickte, wollene Fischermütze und zog sie sich über die Ohren. Man sollte wirklich den Leuten nicht auf die Ohren schauen...

Käpten Temel sah lieber wieder aufs Meer hinaus. Da fiel sein Auge auf die riesige Platane auf dem ebenen Grundstück drüben. Sie mußte einige hundert Jahre alt sein. Seit seiner Kindheit war sie ihm vertraut. In der Augustsonne waren ihre Blätter kräftig grün, sie bewegten sich im Wind, der vom Meer her wehte. Als er Kinder unter der Platane Ballspielen sah, war er mit sich und der Welt zufrieden.

Der Kaffeehausbesitzer Selim hatte den Tee verteilt und stellte nun auch Käpten Temel ein Glas hin. Die Männer tranken Tee und unterhielten sich. Die Spieler vertieften sich wieder in ihr Spiel. Käpten Temel fragte sich einen Moment, ob wohl Şakir Efendi den Tee, den er ihm ausgegeben hatte, trinken würde und drehte sich nach ihm um. Er trank seinen Tee, der Gute... Wieviele Jahre stritten sie sich schon so und vertrugen sich anschließend doch wieder...

Als Temel wieder aus dem Fenster sah, fuhr er plötzlich erschrocken zusammen.

Die Kinder hatten ihr Ballspiel unterbrochen, sie schauten einer Gruppe von Leuten zu, die auf den mächtigen Baum

lardı. «Niye, niçin?» derken Temel Reisin aklına kendi çocukluğu geliverdi. Bu çınarın altında o da top oynamıştı. Sonra okullar, denizler... denizlerin enginlerine gemilerle açılmalar. Deniz deniz gezmeler, dolaşmalar... gemilerde serdümencilik... daha daha çarkçıbaşılık...

Gemilerin her bir işine girmişti. Haritalarda rota çizen kaptanların da işini öğrenmişti... Daha sonra köyüne dönüş... balıkçılık...

Daha ötesini düşünmeye vakit bulamadı reis. Baktı ki karşıdan gelen motorlu, kamyonlu, buldozerli kalabalıktan çocuklar toplarını almış uzaklaşmakta. Çok meraklandı ne oluyor diye. Hemen kalktı kapıya yürüdü. Herkes dönüp ona baktı. Muhtar Şakir Efendi;

«Ne o? Kaçıyor musun Temel?» diye seslendi.

«Ne kaçması be yahu... Aşağıda çınarın altında bir işler dönüyor...»

«Yoksa top oynayan çocuklar mı kavgaya tutuştu?»

«Uzatma be yahu! Gel de kendin de gör!...»

Muhtardan önce kahvedekiler ayaklandı. Merakla reisin arkasına düştü. Şakir Efendi, olacağı biliyordu ama başı belaya girmesin diye gidenlerin arkasına takıldı. Çınarın yakınına geldiklerinde gördüler ki birtakım adamlar, sağı solu, ipler çekip ölçüyor. İşçiler ordan oraya koşuşuyor. Yine adamlar, ellerindeki büyük kâğıtlara bir şeyler yazıyorlar, hesap makineleriyle hesaplar yapıyor, «tamam... tamam...» diye söyleniyorlar; sonra çektikleri ipler boyunca dürbün gibi araçlardan bakıyorlardı. Daha sonra da bir motorun çektiği bir araç, boydan boya yere çizgi çiziyor, kazıyordu. Bir güruh da bu çizilen yerlerin arasındaki meyve ağaçlarına baltalarla girişiyor, kesiyor, daha büyük ağaçları buldozerler yıkıyordu.

zugingen. Während er noch darüber nachdachte, was das zu bedeuten hatte, kam Käpten Temel seine eigene Kindheit in den Sinn. Auch er hatte unter dieser Platane gespielt, damals. Dann fiel ihm die Schule ein, das Meer... Mit den Schiffen auf die endlosen Meere hinausfahren... Reisen, Fahrten über viele Meere... Steuermann auf dem Schiff... Erster Maschinist... Er hatte alle Arbeiten, die auf einem Schiff anfallen, gemacht. Er hatte auch gelernt, als Kapitän auf den Karten den Kurs einzuzeichnen. Später war er dann in sein Dorf zurückgekehrt, war Fischer geworden...

Doch Käpten Temel blieb keine Zeit, weiter seinen Erinnerungen nachzuhängen. Er sah, wie die Kinder ihren Ball aufhoben und vor der Schar, die mit Motorrädern, Lastwagen und Bulldozer anrückte, zurückwichen. Er war begierig zu erfahren, was da vorging. Er stand auf und ging zur Tür. Alle drehten sich nach ihm um. Şakir Efendi rief:

«Was ist denn los, haust du schon ab?»

«Was heißt hier abhauen? Da drüben unter der Platane stimmt was nicht.»

«Vielleicht streiten sich die spielenden Kinder?»

«Red keinen Unsinn Mensch! Komm doch her und schau selber!»

Noch vor dem Bürgermeister erhoben sich alle anderen. Voller Neugierde drängten sie sich hinter Käpten Temel. Şakir Efendi wußte zwar, was vorging, doch um nicht noch mehr Schwierigkeiten zu bekommen, trottete er hinter den anderen her. Als sie zur Platane kamen, sahen sie ein paar Männer, die dort herum Schnüre zogen, um Entfernungen zu messen. Die notierten sie auf großen Bogen Papier, rechneten einiges mit dem Taschenrechner und murmelten «Ok., in Ordnung».

Danach schauten sie an den Schnüren entlang durch Apparate, die wie Ferngläser aussahen. Schließlich zogen sie mit einer motorgetriebenen Maschine Linien auf den Boden. Dann machten sich einige von den Leuten daran, allen Obstbäumen in den durch Linien begrenzten Feldern mit Äxten zu Leibe zu rücken und sie abzuhauen. Die größeren Bäume fällte der Bulldozer.

Köylü, Temel Reisin etrafında toplanmış, olup biteni seyrediyordu. İçlerinden biri,

«Eyvah! Çınarımızı da kesecekler!...» diye söylendi.

Kalabalıkta bir homurdanma oldu. Muhtar Şakir, hemen lafa karıştı:

«Yol geçecekse, elbet kesmek zorundalar...»

Reis, dönüp şöyle bir ona baktı. Saçları sakalları diken diken olmuştu. Sesini çıkarmadan yürüdü. Çınarın altındaki elleri dürbünlü, haritalı, hesap makineli adamların yanına vardı. Onu görmezden geldiler. Bir konuyu tartışıyorlardı. Bu koca çınarı kesebilmek bir sorundu. Motorla işleyen testerelerle yıksalar, toparlamak olacak iş değildi. En iyisi, göklere uzanan dallarından aşağıya doğru önce dallarını kesmekti. Daha çeşit çeşit çareler düşünülüyor, konuşuluyordu. Temel Reis, bunları dinledi dinledi. Öfkesini dişlerini sıkarak tuta tuta, vardı, orta yerlerine dikildi. Adamlar önce bir şaşaladılar, sonra reisin kalıbına kıyafetine bakıp, durakladılar. Reis,

«Şimdi siz, bizim köyümüzün yüzlerce yıllık şu çınarını kesmeyi mi düşünüyorsunuz?» diye ortaya sordu.

Kısa kollu beyaz gömlekli, güneş gözlüklü, elinde büyük bir defter bulunan orta yaşlı bir adam, karşılık verdi:

«Tam buradan yol geçecek, kesmek gerek.»

«Yol, çınarın sağından, solundan geçemez mi?»

«Geçemez, plan böyle...»

«Ya, yol geçse de çınar yolun ortasında süs olaraktan kalsa olmaz mı?»

Sakin, kararlı konuşan reise, adam içerlemeye, kızmaya başlamıştı. Biraz sesini yükselterek,

«Olmaz efendim, bu yolun alt yapısı olacak, üst yapısı olacak! Bizler mühendisiz, sen ne karışıyorsun?»

Bu ana değin sakin sakin konuşan Temel Reis,

Die Leute aus dem Dorf scharten sich um Käpten Temel und beobachteten, was da vorging. Einer von ihnen klagte:

«Mein Gott, die wollen auch unsere Platane fällen!»

Ein Murren ging durch die Menge. Sofort mischte sich Şakir Efendi ein:

«Wenn hier die Straße verlaufen soll, dann muß man die Platane eben fällen.»

Der Käpten drehte sich um und sah ihn durchdringend und verächtlich an. Seine Haare und sein Bart standen ab. Ohne einen Ton trat er vor, auf die Männer zu, die mit dem Fernglas, Rechengerät und einem großen Plan unter der Platane standen. Sie taten so, als sähen sie ihn nicht. Sie diskutierten, denn die riesige Platane zu fällen war nicht einfach. Wenn man sie mit der Motorsäge fällte, wäre es kaum möglich, sie zu zerlegen und kleinzumachen. Am besten wäre es wohl, zuerst die in den Himmel ragende Äste abzuschneiden. Aber es wurden noch verschiedene andere Pläne in Betracht gezogen. Käpten Temel hörte sich alles an. Mit knirschenden Zähnen unterdrückte er seine Wut und trat in ihre Mitte. Zuerst waren die Männer verblüfft, doch angesichts seiner imposanten Erscheinung unterbrachen sie ihr Gespräch. Da fragte der Käpten in die Runde:

«Wollen Sie etwa die Platane unseres Dorfes fällen, die Hunderte von Jahren alt ist?»

Ein Mann in mittleren Jahren in einem weißen, kurzärmeligen Hemd mit Sonnenbrille, der ein großformatiges Heft in der Hand hielt, antwortete ihm:

«Genau hier verläuft die Straße, wir müssen sie fällen.»

«Kann die Straße nicht rechts oder links vorbeigehen?»

«Nein, der Plan ist eben so.»

«Kann die Platane nicht in der Mitte der Straße stehenbleiben, sozusagen als Schmuck?»

Der Mann begann sich über den ruhig und entschlossen redenden Käpten zu ärgern. Er erhob seine Stimme etwas:

«Das geht nicht, die Straße muß einen Unterbau und eine Abdeckung haben! Wir sind die Ingenieure, was mischst du dich da ein?»

Käpten Temel, der bis dahin recht leise gesprochen hatte,

bir parladı, bir bağırdı ki, vadi, yamaçlar, ta denizin dalgalarına değin ortalık inim inim inledi:

«Ulan sizin gibi mühendisler bu memleketi batırdı, yok etti be! Mühendis gibi, boynunuz altında kalsın sizin!»

Reisin sesi, dağlarda taşlarda yankılanırken, çınarın altında bir uzun sessizlik oldu. Sonra mühendis olduğunu söyleyen adam, öfkeyle arkasına döndü. Eli baltalı bir işçiye, köylülerin inadına,

«Şu çınara bir çentik at, kesilecek. Nasıl kesileceğini sonra düşünürüz...» buyruğunu verdi.

Herkes korkudan olduğu yerde kıpır sapır etmeye başladı. Reisle kahveden gelen köylü, yavaş yavaş çınara yaklaştı. Temel Reis, çınarın önünde dikilmiş bekliyordu. Korka korka yaklaşan işçiye,

«Ver şu elindeki baltayı!» dedi tok bir sesle.

İşçi, hiç direnmeden,

«Buyur Temel Reis...» diye baltayı uzattı, verdi.

Temel Reis, baltayı elinde şöyle bir okkaladı, tarttı. Karşı taraftaki adamlar, kalabalık, şaşkın geri geri çekilmeye başladı. Reis, kendisiyle tartışan adama seslendi:

«Mühendis Bey, büzüğün sıkıyorsa, gel de şu baltayı elimden al. Hele çınarımıza bir çentik at bakalım...»

Sonra baltayı omzuna vurdu. Bağdaş kurup çınarın gölgesine oturdu.

geriet nun in Zorn. Er schrie, daß es in der ganzen Gegend widerhallte, von den Hängen bis zu den Wellen des Meeres:

«Mensch, solche Ingenieure wie ihr haben das Land heruntergewirtschaftet, haben es zerstört! Euch Ingenieure soll der Teufel holen!»

Während Käpten Temels Stimme noch von überall widerhallte, war es still unter der Platane. Dann drehte ihm der Mann, der sich als Ingenieur bezeichnet hatte, den Rücken zu. Den Dorfbewohnern zum Trotz befahl er einem Arbeiter, der eine Axt in der Hand hielt:

«Schlag eine Kerbe in die Platane, sie wird gefällt. Wie wir es machen, überlegen wir uns später.»

Die Umstehenden traten vor Angst nervös von einem Fuß auf den anderen. Käpten Temel und die Bauern, die mit ihm vom Kaffeehaus gekommen waren, gingen ganz nahe an den Baum heran. Der Käpten stand wie angewachsen direkt an der Platane. Zu dem Arbeiter, der sich ängstlich näherte, sagte er mit lauter Stimme:

«Gib die Axt her!»

Der streckte sie ihm ohne Widerspruch hin:

«Bitte, Käpten Temel...»

Temel wog die Axt leicht in der Hand. Die Männer, die ihm gegenüberstanden, und die Umstehenden wichen erschrocken und verwirrt mehr und mehr zurück. Käpten Temel sagte zu dem Ingenieur, mit dem er zuvor gestritten hatte:

«Nun, Herr Ingenieur, wenn dich der Hafer sticht, dann versuch mal, mir die Axt wegzunehmen. Und dann versuch auch noch, in unsere Platane eine Kerbe zu hauen.»

Damit legte er sich die Axt über die Schulter und setzte sich im Schneidersitz in den Schatten der Platane.

Erendiz Atasü

Sessiz Ali

Ali gülümsemesini unutmuştu. Nişanlanmasından bir hafta sonra filan başladı bu düşünceli hali. İlk günler öyle sevinçliydi ki... Kuş olup uçası geliyordu. Nedense çabuk koptu kanatları... Neşesi kuş olup uçmuştu.

Ali ise dar sokakların, yıkık dökük ahşap evlerin arasındaydı. Kötü kötü, kara kara düşünüyordu. Gülümsemenin silindiği yüzü, sevimliliğini yitirmiş, çocukken iyi beslenmemiş, ufacık bir bedenin kara, sarı, sıska ve asık suratına dönmüştü. Yumuşak bakan kara gözleri yabanıllaşmıştı. Ali'nin asabı iyice bozuktu.

Mahalle adım adım izliyordu Ali'nin gülümsemeyi yitirişini, adım adım ve beğeniyle, pek de gizlenmeyen bir doyumla.

– Yahu, Sessiz Ali hepten sessizleşti. Arpacık kumrusu gibi düşünüyor.

– Canım, o düşünmesin de ben mi düşüneyim.

– Bu sessizlikle el kızını nasıl güdecek?

– Pek de sessiz canım.

– Aboo, bu gidişle kılıbıkların piri olacak...

– Bu kadar da sessiz olunmaz ki... Vur ensesine, al lokmasını ağzından. Erkek dediğin biraz dişli olmalı. Kız gibi oğlan...

Mahalle kahvesinde çift şekerli demli çayla birlikte Ali'nin yaklaşan evliliğinin yorumları da içiliyor;

emmiler, dayılar bu yeni içkiye kanamıyorlardı. Bazen sesler alçalıyor, şakalara açık saçıklık kokusu bulaşıyordu.

– Sahi yahu, bizim Ali nasıl kıvıracak bu işi?... Becerebilse bari.

Erendiz Atasü
Der schweigsame Ali

Ali verlernte sein Lächeln. Seine Nachdenklichkeit begann etwa eine Woche nach seiner Verlobung. In den ersten Tagen war er noch fröhlich. Er kam sich vor wie ein Vogel, der Lust hat zu fliegen. Doch bald brachen seine Flügel. Seine gute Laune war dahin. Ali blieb in den engen Gassen, zwischen den zerfallenen Holzhäusern zurück. Er hing dunklen und unheilvollen Gedanken nach. Sein Gesicht, von dem das Lächeln verschwand, verlor seinen liebenswürdigen Ausdruck. Es hatte sich in die dunkle, fahle, elende und mürrische Fratze eines in jungen Jahren unterernährten, winzigen Wesens verwandelt. Seine sanften schwarzen Augen hatten einen wilden Ausdruck angenommen. Er war mit den Nerven am Ende.

Das ganze Viertel beobachtete, wie Ali nach und nach sein Lächeln einbüßte, und verfolgte jeden Schritt dorthin mit Genuß und kaum verhohlener Freude.

– So ist nun der schweigsame Ali völlig verstummt. Wie ein Korn, das an die Taube denkt, die es aufpicken wird.

– Na, wenn er selber sich keine Gedanken darüber gemacht hat, soll etwa ich mir den Kopf zerbrechen?

– Nur: Wie will er mit Schweigen eine Fremde leiten?

– Sie war ja auch ziemlich still.

– Bruder, der wird noch zum Oberpantoffelhelden.

– Wie kann man nur so sanft sein...! Er läßt sich in den Nacken schlagen, den Bissen aus dem Mund nehmen. Ein Mann hat doch Mumm. Er war immer wie ein Mädchen.

Im Kaffeehaus des Viertels labte man sich nicht nur am sorgfältig zubereiteten Tee, den man mit zwei Stück Zucker trank, sondern auch an den Kommentaren über Alis bevorstehende Heirat. Davon kriegten die schwatzhaften alten Onkel gar nicht genug. Ab und zu redeten sie leiser, dann bekamen ihre Scherze einen Hauch von Anrüchigkeit.

– Aber im Ernst, wie sollte unser Ali die spezielle Sache wohl hinkriegen? Wenn er es überhaupt schaffte.

– Hiç denedi mi acep?...

– Yok canım, ne gezer... Kız gibi oğlan... Gider mi fena yerlere...

– Eee... Öyleyse?!...

Erkekler keyifle gülüyorlardı. Böyle şakaların ulaşamayacağı yerlere erişmenin tadını çıkararak. Hepsi bir çok kez baba olmuştu!

Ali aldırmıyordu baştan. İşe girdiğinde de böyleydi. Mahalleli yolunu kesip akıl vermiş, iş yerinde kendini nasıl saydıracağını anlatmıştı ona. Akıl hocalarının çoğu hayatlarında hiç memuriyet yapmamış kişilerdi ya, neyse...

– Ali, sen babasız büyüdün oğlum, bak amca sözü dinle, diye başlardı hepsi. Ali herkese teşekkür etmiş, bildiğini okumuştu. Evet, büroda o odacı, odacılar sekreter olmuştu sonuçta ama zarar yoktu. Çalıştığı yerdeki odacılar Ali'nin kaç yıllık komşusu, memleketlisi, emmisi, dayısıydı.

Onlara amirlik taslamak yakışık alır mıydı? Ali kalp kırmayı sevmezdi. Zamanla içinde bir burukluk duymaya başladı. Onca saygısına karşılık kendisini sürekli hiçleyen odacı emmilerine kırıhyordu için için.

Şimdilerde Ali kuşkudaydı. Yoksa Gülsüm de mi onu hiçleyecekti?... Mahalleli onu uyarıyordu, tıpkı işe girdiği zamanki gibi. Uyarılarına kulak verse miydi? Gülsüm'ün duru gözlerini görünce kuşkuları dağılıyordu. Öyle tatlı bakıyordu ki nişanlısının gözleri, sevgi, bağlılık dolu...

Ali nicedir evlenmek istiyordu, başedemiyordu yalnızlıkla. Bir türlü anasına açamamıştı işi. Utanıyor muydu ne... Çekinirdi Ali annesinden, çok da severdi onu. Niye çekinirdi, bilinmez. Pek yumuşak huylu bir kadındı anası. Babasız büyütmüştü Ali'yle iki ablasını. Çocukları

– Hat er es denn je probiert?

– Aber nein, wo denkst du hin. Der ist wie ein Mädchen. Der traut sich doch nicht, verrufene Häuser zu besuchen.

– Ja wenn das so ist!

– Die Männer lachten genüßlich. Es machte ihnen Vergnügen, mit ihren Witzen dort vorzudringen, wohin sie selber nicht gelangen durften. Alle waren schon mehrfach Vater!

Anfangs machte sich Ali nichts daraus. Als er seine Arbeitsstelle angetreten hatte, war es genauso gewesen. Die älteren Männer aus dem Viertel hatten ihn abgefangen und ihm erklärt, wie er sich am Arbeitsplatz Achtung verschaffen solle. Dabei hatten die meisten dieser Besserwisser nie im Leben eine feste Anstellung gehabt, was soll man dazu sagen...

– Ali, du bist ohne Vater aufgewachsen. Junge hör auf das Wort eines erfahrenen Mannes – so fingen sie immer an. Ali dankte – und tat, was er für richtig hielt. Ja, im Büro hatte er es nur zum Bürodiener gebracht, die Bürodiener waren endlich Sekretäre geworden. Die Bürodiener in seinem Betrieb waren seit vielen Jahren Alis Nachbarn, Landsleute, die er Onkel nannte. Hätte es sich gehört, ihnen gegenüber herrisch aufzutreten? Ali wollte niemanden kränken. Aber im Lauf der Zeit hatte sich eine verdrießliche Stimmung bei ihm eingestellt. Daß sie ihn weiterhin von oben herab behandelten, nachdem er ihnen so respektvoll begegnet war, hatte ihn wütend auf die alten Besserwisser gemacht.

Im Moment war Ali sehr von Zweifeln befallen. Ob ihn auch Gülsüm für minderwertig hielt? Die Leute aus dem Viertel erteilten ihm wieder gute Lehren, genau wie damals, als er die neue Stelle angetreten hatte. Sollte er auf ihr Gerede achten? Doch wenn er in Gülsüms klare Augen sah, schwanden seine Zweifel. Die Augen seiner Verlobten blickten so herzlich, so voll Liebe und Verbundenheit...

Längst wollte Ali heiraten! Er konnte die Einsamkeit nicht ertragen. Aber er brachte es nicht fertig, mit der Mutter darüber zu sprechen. Schämte er sich, oder was war es? Ali genierte sich vor der Mutter, obgleich er sie liebte. Daß er sich schämte, war unverständlich, denn sie war eine ruhige, besonnene Frau. Sie hatte Ali und seine beiden älteren

uğruna yaptıklarıyla övünen, ya da bunlardan yakınan insanlardan değildi. Analık özverisinde doyuma ulaşan kadınlardandı.

Ağabeyinin
yanına sığınıp yetiştirmişti çocuklarını ama Ali'nin dayısı pek uzak ve seyrek bir konuk gibi uğramıştı hayatlarına, aynı avluya bakan evinden. Dayı evinin düzeni, bağırtı, dayak, tokat Alilerin kapısından içeri girmemişti. Ablaları evleneli beri Sessiz Ali sessiz anacığıyla yalnızdı. Anası açtı konuyu köydeki tarlanın satımından sonra.

– Oğlum, elimiz bolaldı. Sana helal süt emmiş bir taze arayım mı?, dedi.

Ali çok sevinmişti. Birkaç gün sonra anası iyi haberle geldi.

– Muharrem Efendi'yle anlaşabileceğiz galiba. Kızı Gülsüm tam bize göre, sessiz iyi bir kız, dedi.

Gülsüm'ü görür görmez Ali'nin kanı kaynadı. Sevgiye susuz kalbinde duygular ince ince kök saldı, gün güne boy attı, filiz verdi.

Gülsüm de
öyle... Bağlandı Ali'ye. Ali öyle sessiz, öyle güleçti ki... Gülsüm Ali'nin onu hiç hırpalamayacağını biliverdi. Babasının sertliğinden bezmişti. O yüzden sevdi Ali'yi.

Nişanın ertesi günü Ali Gülsüm'ü Gençlik Parkı'na götürdü, çay içirdi. Havuzu seyrettiler birlikte. Trene binerken elini tutuverdi kızın. Gülsüm çekmedi elini. Ali'nin kalbi küt küt attı. Çiçek göstereceğini bahane edip bir çamın arkasına götürdü Gülsüm'ü. Çarçabuk yanağını öptü, öpüşün azıcık dudağa doğru kaymasına özen göstererek. Gülsüm kızardı, Ali çok sevindi.

Mahalleli söz kesiminden beri Ali'yi bir kö-

şeye kıstırıp,

Schwestern ohne Vater aufgezogen; sie gehörte weder zu denen, die sich brüsteten, was sie für ihre Kinder getan haben, noch zu denen, die über ihre Kinder klagten. Sie war eine Frau, die in mütterlicher Hingabe zufrieden war. Sie war bei ihrem älteren Bruder untergekrochen, hatte dort ihre Kinder großgezogen. Das Haus von Alis Onkel ging auf den selben Hof hinaus, aber der Onkel hatte nur von fern, als seltener Gast an ihrem Leben teilgenommen. Die Zustände im Haus des Onkels, Schreien, Schläge, Ohrfeigen, waren in Alis Familie unbekannt. Als Alis Schwestern heirateten, blieb der stille Junge allein bei seiner ruhigen Mutter. Die schlug das Thema an, nachdem sie ein Feld im Dorf verkauft hatte.

– Mein Sohn, wir haben jetzt genug Geld, soll ich dir nicht ein Mädchen aus einer guten Familie suchen?

Ali hatte sich gefreut, und ein paar Tage später war seine Mutter mit guten Nachrichten gekommen.

– Es scheint, als könnten wir uns mit Muharrem Efendi einigen. Seine Tochter Gülsüm paßt gut zu uns, sie ist ein verträgliches, ruhiges Mädchen.

Als er Gülsüm gesehen hatte, war er gleich begeistert gewesen. In seinem liebebedürftigen Herzen hatten zarte Gefühle Wurzeln geschlagen, waren täglich gewachsen und kleine Pflanzen geworden. Gülsüm war es genauso gegangen. Sie war sehr von Ali eingenommen. Er war ausgeglichen, immer freundlich. Sie hatte gleich erkannt, daß Ali sie nicht schlecht behandeln würde. Weil sie unter der Strenge ihres Vaters gelitten hatte, war Ali ihr angenehm gewesen.

Am Tag nach der Verlobung hatte Ali sie in den Gençlik Park mitgenommen und zum Teetrinken eingeladen. Sie hatten zusammen den Teich betrachtet. Als sie später zum Zug gingen, hatte er plötzlich ihre Hand genommen, und Gülsüm zog sie nicht zurück. Alis Herz hatte heftig gepocht. Mit der Ausrede, ihr Blumen zeigen zu wollen, hatte er sie hinter eine Tanne geführt. Rasch hatte er ihre Wangen geküßt und dabei versucht, möglichst nah an ihre Lippen zu kommen. Gülsüm wurde rot; Ali war sehr glücklich gewesen.

Seit die Nachbarn alle zur gleichen Ansicht gelangt waren, trieben sie ihn in die Enge und beredeten ihn etwa so:

– Oğlum, senin baban yok, konuşasın böyle şeyleri... Bak, evlenmeye kalktın, yani demek istiyorum ki... Anlarsın ya... Belki hiç gitmemişsindir, bir uğrayıver, ha..., filan diye birşeyler söylüyordu. Ali içindeki sevinçle, baştan anlamıyordu bile ne dediklerini. Sonra anlamazlığa vurdu. Amma gün geçtikçe huzursuzlanıyordu. Acaba, acaba... Yok canım... Ya beceremeyiverirse... Ali Gülsüm'ün elini tutunca güçlü hissediyordu kendini, onun eldeğmemişliğinin kendisi için yalnızca aşılması kolay tatlı bir engel olduğunu ta içinde duyumsuyordu. Ama geceleri tek başına yatarken uyku tutmuyor, Ali bunaldıkça bunalıyor, gerildikçe geriliyordu. Niyeyse tüm mahalleli onun bu işi beceremeyeceğinde birleşmişti. Ya haklı idiyseler... Ali bir kez gitmişti Bentderesi'nin oraya, bir iki yıl önce. Bir daha ayakları götürmemişti onu. Antiseptik kokularıyla, çıplak ve tombul baldırların, jiklet çiğneyen yayvan bir ağızdan çıkan «cak cak» seslerinin birbirine karıştığı bunaltıcı, bulandırıcı silik bir anıydı bu. Giderek silikliğinden sıyrılıyor, karabasan gibi birşey oluyordu. Ali Gülsüm'ü her gördüğünde bu karabasanla irkiliyordu. «Sessiz» lakabından rahatsız olmaya o günlerde başladı.

– Oğlum Ali, efendi ol dedikse, bu kadar da alttan alma, yüz verme kadın kısmına. Baş edemezsin. Maaşın kaç kuruş a oğlum...

Şunu isterim, bunu isterim, pabuç al, manto al, diye tutturursa görürsün, diyorlardı emmiler, dayılar.

Ali ayın ilk haftasında eriyen maaşına bakıp kahroluyordu.

– Kız, Gülsüm, diyordu, bak para sıkıntısı çekeceğiz, haberin olsun.

– Amaan Ali'm, düşündüğün şeye bak, ikimiz beraber olalım da, varsın sıkıntı çekelim, canımız

– Mein Sohn, du hast keinen Vater, der mit dir über sowas sprechen könnte... Du willst nun heiraten, also ich will sagen, daß... Nun ja, du verstehst schon... Vielleicht bist du nie dorthin gegangen, aber versuch es doch mal... Ali war so von Freude erfüllt, daß er zunächst nicht begriff, was sie meinten. Später tat er so, als verstünde er nicht. Doch mit jedem Tag nahm seine Unruhe zu. Ob denn, vielleicht ... Aber nein... Und wenn er es dann doch nicht schaffte? Solange er Gülsüms Hand festhielt, fühlte er sich stark, in seinem Innersten fühlte er, daß ihre Unberührtheit ein süßes Hindernis war, das er leicht überwinden würde. Aber wenn er nachts allein im Bett lag, konnte er nicht schlafen. Seine Bedrängnis und Spannung nahm ständig zu. Warum waren alle im Viertel der Überzeugung, daß gerade er versagen würde? Und wenn sie recht hatten... Ali war einmal dorthin gegangen, nach Bentderesi, vor zwei Jahren. Noch einmal war er dort nicht mehr hinzukriegen. Der Geruch nach Desinfektionsmitteln, nackte, dralle Waden und Schenkel, das schmatzende Geräusch des Kaugummikauens aus einem breiten Mund: das alles hatte sich zu einer erdrückenden, ekelhaften undeutlichen Erinnerung vermischt. Doch nun gewann die Erinnerung immer klarere Konturen und wurde zu einem Alptraum. Jedesmal wenn Ali Gülsüm sah, schrak er unter dem Eindruck dieses Alptraums zusammen. In diesen Tagen paßte ihm auch sein Spitzname nicht mehr: der Schweigsame.

– Ali, wenn wir sagen «werd ein richtiger Mann», dann heißt das: du darfst nicht so freundlich zu den Weibern sein, sonst wirst du nicht mit ihnen fertig. Bei den paar Groschen, die du verdienst, Junge... «Dies will ich, das brauch ich, kauf Schuhe, kauf einen Mantel», du wirst sehen... So redeten die Alten, die wohlmeinenden Onkel aus dem Viertel.

Voll Kummer dachte Ali an sein Gehalt, das er immer schon in der ersten Woche des Monats ausgegeben hatte.

– Gülsüm, mein Mädchen, ich muß dir gleich sagen, daß wir nicht genug Geld haben werden.

– Aber Ali, sagte Gülsüm, was denkst du denn, laß uns erst mal zusammensein! Wir müssen eben sehen, wie wir

sağ olsun, diyordu Gülsüm. Ali'nin içi ısınıyordu. Ama sonra gene kuşkular sarıyordu Ali'yi. Ya Gülsüm numara yapıyorsa. Bunca saçlı sakallı adam yalan mı söyleyecek... Biraz sert olmalı demiyor mu hepsi de... Gülsüm'ün gözleri dikiliyordu karşısına uykusuz karanlıklarda, o gözlerin onca sevdiği bakışı, sevgi dolu... Ali kadınların gözlerinde böyle anlamlar okumaya alışık değildi. Ablaları kocalarına böyle bakmazdı. Nişanlıyken de böyle bakmazlardı. Saygıyla korkunun birbirine karıştığı donuk bakışlardı onlarınki... Oysa Gülsüm'ün gözlerinde neşe uçuşuyordu bir uçtan bir uca... Ali bakışların duygu örgüsünü bir bir tellerine çözemiyordu ama git gide Gülsüm'ün sevdiği gözlerinden rahatsız olmaya başlamıştı. Yoksa Gülsüm onu saymıyor muydu?...

Ali gerildikçe geriliyordu. Kurulu bir yaya dönmüştü. Okunu ne zaman, nereye fırlatacağı hiç belli değildi.

Düğüne birkaç gün kala Gülsüm Ali'nin annesine yardıma geldi. Çamaşır yıkıyorlardı, kaynana gelin. Gülsüm köpükler arasından gülümseyip:

– Ali, dedi, biliyor musun, küçük çamaşır makineleri var. Hani ilerde, diyorum, paramız olursa alalım... ha... Ne dersin?...

Ali'nin annesi,

– Yaa, pek iyi olur, böyle leğende zor oluyor ... demeye kalmadı, Ali iki kadının üstüne atılıverdi, çevik bir kedi gibi. Gülsüm'ü saçlarından sürüyerek çamaşır leğeninin başından çekip aldı.

– Kız, sana ne oluyor? Sana mı kaldı benim cebimdekinin nasıl harcanacağını söylemek, diye kükrüyordu. Bir yandan da yerde, şaşkınlık, korku ve acıyla, beden ve ruh acısıyla debelenen kıza tekme, tokat girişiyordu. Ali vurdu, vurdu taa ki Gülsüm'ün bal rengi cıvıl cıvıl ışıyan gözleri

mit dem Geld auskommen. Wenn wir nur gesund sind. Ali wurde es warm ums Herz. Doch später erfaßten ihn wieder Zweifel. Wenn Gülsüm ihn zum besten hielt? Sagten die erfahrenen, bärtigen Männer nicht doch die Wahrheit? Sagten nicht alle, ich muß strenger sein? Aus der schlaflosen Dunkelheit blickten ihn Gülsüms Augen mit dem zärtlichen Ausdruck voller Liebe an, der ihm so sehr gefiel... Ali war es nicht gewöhnt, in den Augen der Frauen solche Zeichen zu lesen. Seine älteren Schwestern sahen ihre Männer nicht so an. Schon bei ihrer Verlobung, hatten ihre Augen nicht diesen Ausdruck gehabt. Ihre Blicke waren kalt gewesen, eine Mischung aus Respekt und Furcht... Gülsüms Augen dagegen blitzten vor Freude... Ali konnte das Geflecht der Gefühle, das ihre Blicke woben, nicht Faden für Faden entwirren, doch machten ihn Gülsüms Augen, die er liebte, mehr und mehr unsicher. Hatte Gülsüm ihn am Ende nicht ernst genommen?

Alis Anspannung nahm unerträglich zu. Er glich einem gespannten Bogen. Wann und auf welches Ziel er seinen Pfeil abschießen würde, war unbestimmt.

Ein paar Tage vor der Hochzeit kam Gülsüm zu Alis Mutter, um bei den Vorbereitungen zu helfen. Schwiegermutter und Schwiegertochter wuschen zusammen Wäsche. Durch Berge von Schaum lächelte Gülsüm und sagte:

– Weißt du, was Ali gesagt hat? Er meinte, es gebe kleine Waschmaschinen. Später, wenn wir Geld hätten, würden wir uns eine kaufen. Was sagst du dazu?

Doch kaum hatte Alis Mutter darauf geantwortet:

– Das wäre herrlich, denn im Bottich waschen ist sehr anstrengend... da sprang Ali, behend wie eine Katze, zwischen die beiden Frauen. An den Haaren zog er Gülsüm vom Waschtrog weg.

– Mädchen, du bist wohl nicht recht gescheit? Hast etwa du zu entscheiden, was ich mit dem Geld in meiner Tasche mache, brüllte er laut. Dabei versetzte er dem Mädchen, das sich verwirrt, verängstigt und voller Schmerzen, körperlich und seelisch leidend auf dem Boden wand, Schläge und Ohrfeigen. Ali schlug zu, schlug so lange zu, bis Gülsüms fröh-

donuklaşana dek... O bildik bakış gelip de gözlerin bal rengi yumuşaklığına taş gibi çöküp, temelli yerleşene dek...

Mahalledeki kadınların kocalarına bakarken gözlerini duraganlaştıran o tanıdık bakış. Korku, boyun eğiş, çaresizlik, nefret, nefret, ve gene nefretten oluşan o sinmiş, o intikamcı bakış...

Ali Gülsüm'ün gözlerini gördü ve rahatladı. Ali ve nişanlısı mahallede ayrık otu gibi farklı olup, diken gibi mahalleye batmaktan kurtulmuşlardı. Ali herkes gibi birisi olmanın alabildiğine rahatlatıcı havasını soludu.

Karşı evden küçük Dursun koşarak çıktı ve haberi tüm sokağa yaydı.

– Ana, kız ana, koş... Sessiz Ali ağbim seslenmiş! Gülsüm ablamı bir dövdü ki sormal!

Haberi duyan mahalle rahat bir soluk aldı.

lich blitzende Augen ihren Glanz verloren... Er schlug sie so lange, bis ihre honigfarbenen weichen Augen versteinerten und diesen Ausdruck für immer behielten... Es war der wohlbekannte Blick, der den Augen der Frauen aus dem Viertel Starrheit verlieh, wenn sie ihre Männer anschauten. Dieser rachsüchtige, geduckte Blick, der all dies ausdrückte: Furcht, Unterwürfigkeit, Ausweglosigkeit, Abscheu, Abscheu und noch einmal Abscheu.

Ali sah Gülsüms Augen und wurde ganz ruhig. Er und seine Verlobte waren jetzt davor bewahrt, sich von den anderen wie Unkraut abzuheben, sie waren nicht mehr der Stachel, der dem ganzen Viertel im Fleisch saß. Ali atmete nun die beruhigende Luft eines Mannes, der wie alle anderen war.

Der kleine Dursun aus dem Haus gegenüber rannte über den Hof:

– Mutter, Schwester, schnell! Der schweigsame Ali kann doch sprechen! Er hat Gülsüm verprügelt, frag nicht wie!

Bei dieser Nachricht atmete das ganze Viertel auf.

Nevzat Üstün

Akrepler

Korkunç bir sıcak ortalığı kasıp kavuruyordu. İlk yazda yağan bereketli yağmurlar yüzünden bu yıl, kavunlar karpuzlar, domatesler patlıcanlar olağan üstü bir gelişme göstermişlerdi. Sokak araları bile yenmeden atılmış karpuz ve kavun artıklarıyla doluydu. İnanılması güç gibi görünen bir şeydi ama, gerçekti. Bütün bu bolluğa karşın yoksulluk yine de bütün çevreyi sarıp sarmalıyordu. Değerlendirilmemiş olan ürün, bolluk getireceği yerde yoksulluk getiriyordu. Bahçe sahipleri küfürler ederek kabakları ve her türlü para etmeyen sebzeyi hayvanların önüne döküyorlar, bol ürün veren yağmura ve toprağa lânet okuyorlardı. İnsanlar tembel tembel duvar diplerine çökmüşler, yüzlerine konan sinekleri uzaklaştırmaya çalışıyorlardı. Milyonlarca sinek kentin sokaklarında notalara güç sığan yeni bir elektronik müziğin temellerini kuruyordu.

Çoğalan yalnız sıkıntılar, sinekler, sebzeler, meyvalar değildi. Akrepler de çoğalıyordu. Pembemsi renkleri, zehir kusan kuyruklarıyla her gün daha da artarak evleri sokakları dolduruyorlar, her gün bir iki kişinin yaşamasını tehlikeye sokuyorlardı. Kentin ileri gelenleri bu duruma bir çare bulmayı, halkı bu korkunç akreplerden kurtarmayı kendileri için görev sayarak işe giriştiler. İşin aslında halkın pek de umurunda değildi bu akrep işi. Onlar için, akrepler de doğanın öteki varlıkları kadar doğal bir şeydi. Günün birinde insan nasıl olsa ölürdü. Bu ölümün nedenleri arasında bir de akreplerin bulunması onları ürkütecek irilikte olamazdı. Kaldı ki akreplerin her soktuğu insan da ölmüyordu.

Nevzat Üstün
Skorpione

Eine furchtbare Hitze peinigte die Menschen. Durch den segenbringenden Regen, der im Frühjahr gefallen war, zeigten die Honig- und Wassermelonen, die Tomaten und Auberginen dieses Jahr ein außergewöhnliches Wachstum. Die Straßen waren voll von Resten weggeworfener Melonen, die keiner essen wollte. Es war kaum zu glauben, doch es war so. Aber trotz diesem Überfluß, regierte überall die Armut. Das Obst und Gemüse, das nicht abgesetzt werden konnte, brachte statt Überfluß nur Elend.

Die Besitzer der Gemüsegärten schimpften und warfen ihren Kürbis und alle Arten von unverkäuflichem Gemüse dem Vieh vor und verfluchten den fruchtbaren Regen, den Boden. Die Menschen kauerten träge zu Füßen der Hauswände und versuchten die Fliegen zu vertreiben, die sich ihnen aufs Gesicht setzten. Die Fliegen intonierten millionenfach in den Straßen der Stadt den Orgelpunkt zu einer elektronischen Musik, die man kaum in Noten fassen konnte.

Aber es gab nicht nur immer mehr Unbehagen, Fliegen, Obst und Gemüse. Auch die Skorpione vermehrten sich stark. Man sah eine von Tag zu Tag größere Anzahl von den blaßroten Tierchen mit ihren giftspeienden Schwänzen in Häusern und auf den Straßen. Jeden Tag brachten sie das Leben von ein, zwei Menschen in Gefahr. Die Honoratioren der Stadt wurden tätig, denn sie hielten es für ihre Pflicht, eine Lösung für dieses Problem zu finden und das Volk von den Skorpionen zu befreien. Doch eigentlich schien dem Volk diese Angelegenheit gar nicht so wichtig. Für sie waren die Skorpione, so wie alle anderen Tiere, etwas ganz natürliches. Der Mensch stirbt ja ohnehin eines Tages. Daß zu den Todesursachen auch der Stich eines Skorpions gehörte, schien ihnen nicht so bedrohlich, daß sie sich darüber entsetzten. Außerdem starb gar nicht jeder, der gestochen wurde.

Güneydoğunun bu ünlü kentinde devletin yüksek görevlileri halk gibi düşünemezlerdi. Vali, general, belediye başkanı ve daha bir sürü iri rütbeli kişi bir araya gelerek bu konuyu tartışmaya başladılar. Belediye sarayının oldukca geniş toplantı salonunda toplanmışlardı. Tepelerinde olağanüstü irilikte bir vantilatör durmadan dönüyordu. Vali olarak konuşmaya çalışıyordu. Altmış yaşlarında kadar, ince suratlı gözlüklü biriydi. Günün birinde İstanbul Valisi olmayı kafasına koymuştu. Bu neden yüzünden her gelen hükümetle hoş geçinmeye çalışırdı. Bu günlerde askerler güçlü olduğu için, sağ yanında oturan generale olağandışı bir ilgi ve saygı gösteriyordu. Ötekilerin ne düşüneceğine önem vermeden söylediklerinin general tarafından beğenilip beğenilmediğini anlamaya çalışıyordu. Generalin durumu bildiği belliydi. İlin saygı-sıra kütüğünde validen daha geride olduğu halde, gerçekte ondan öndeymiş gibi davranıyordu.

General oldukça genç bir adamdı. İhtilâlde, ihtilâlcilere büyük yardımı dokunmuştu. Bu yüzden ordudan atılmamış, üstelikle general olmuştu. Kırk, kırkbeş yaşlarında ancak gösteriyordu. Şişman bir yüzü ve küçücük bir burnu vardı. Akrep konusuna pek önem vermez görünüyordu. Aklından büyük savaşları geçiriyor, ordusunun başında kendisinin de öyle bir savaşta büyük başarılar kazanmış olduğunu kuruyordu. Ara sıra da sıcağı kovmak istermiş gibi, sağ elini sert sert burnunun ucunda sallıyordu. General için sıcak tıpkı sinek gibi, karınca gibi canlı bir yaratıktı. Şişman gövdesi sıcağa dayanamayıp da kızdığı zamanlar, mırıldanırdı:

– Allah kahretsin bu sıcağı, yok etmeli şu keratayı!

Toplantı salonunda ilin ileri gelen zenginlerinden de bir kaç kişi bulunuyordu. Onlar daha

In der berühmten Stadt im Südosten konnten die höheren Staatsbediensteten nicht so denken wie das Volk. Der Regierungspräsident, der General, der Oberbürgermeister und noch ein paar hochrangige Personen trafen sich und begannen das Thema zu erörtern. Sie kamen in dem ziemlich großen Versammlungssaal des Rathauses zusammen. Über ihnen drehte sich ohne Unterlaß ein gewaltiger Ventilator. Der Präsident versuchte seinem Amt entsprechend zu sprechen. Er war etwa sechzig Jahre alt, hatte ein schmales Gesicht und trug eine Brille. Er hatte sich in den Kopf gesetzt, eines Tages Regierungspräsident von Istanbul zu werden. Deshalb versuchte er mit jeder neuen Regierung gut auszukommen. Da gegenwärtig die Militärs großes Gewicht hatten, bemühte er sich besonders aufmerksam um den General, der ihm zur Rechten saß. Ohne darauf zu achten, was die anderen denken könnten, versuchte er herauszuspüren, ob dem General gefiel, was er sagte. Es war klar, daß er die gesellschaftliche Stellung des Generals kannte. Obwohl er in der Rangfolge der zu ehrenden Personen innerhalb der Provinz nach dem Präsidenten kam, tat dieser so, als stünde der General höher als er selber.

Der General war ein recht junger Mann, kaum vierzig oder gar fünfundvierzig Jahre alt. Er hatte beim Umsturz die Putschisten stark unterstützt. Daher war er nicht aus dem Heer entfernt worden, sondern sogar General geworden. Er hatte ein dickes Gesicht und eine winzige Nase.

Das Thema Skorpione schien ihn nicht besonders zu interessieren. Er dachte mehr an große Kriege, stellte sich vor, wie er an der Spitze seines Heeres in einem Krieg große Erfolge erringen würde. Ab und zu wedelte er kräftig mit der rechten Hand vor seiner Nasenspitze herum, als wolle er die Hitze verscheuchen. Für den General war die Hitze wie eine Fliege, oder eine Ameise, ein Lebewesen. Wenn sein fetter Leib die Hitze fast nicht mehr ertrug, wenn er wütend wurde, murmelte er:

«Diese gottverfluchte Hitze, man müßte sie abschaffen!»

Im Saal befanden sich auch einige von den reichen Leuten der Provinz. Sie achteten mehr auf den Bürgermeister, den

çok, kendilerinden saydıkları belediye başkanına bakıyorlardı. Vali de, general de onlar için gelip geçici yaratıklardı. Ne kadar güçlü olurlarsa olsunlar valilerden generallerden kendilerine bir hayır olmayacağını bilirlerdi. Onlar için valiler generaller ve öteki devlet memurları, başkentin adamlarıydılar. Halkla olan ilişkileri hükümet adınaydı. Belediye Başkanı ise kendilerinin, kentin ileri gelenlerinin insanıydı. Belediye başkanı, arada bir onlara kaçamak gözlerle bakıyor, valinin dediklerini bir iki saniye içinde gözleriyle onlara çeviriveriyordu.

– Evet, dedi. Vali. Evet, artık bu korkunç belâya karşı ilimizi savunmanın sırası gelmiş bulunuyor. En gerekli tedbirleri alacağız. Bunun için bütçeden para ayıracağız. Akreplerin kökünü kazıyacağız. Sayın generalimiz bu konuda da bizlere yardım edeceklerini vaad buyurdular. Şimdi sıra ilin zenginlerindedir. Onlar da bize paraca yardım etmelidirler.

Zenginler gözlerini hemen belediye başkanına çevirdiler. Belediye başkanı «kabul ediniz» anlamında göz kırpınca, biri ayağa kalktı:

– Devletimizin yüksek memurlarının istekleri bizim için emir demektir, başımız üstünde yeri var.

Generel gülümseyerek sevincini belirtti. Generalin gülümsediğini gören vali de gülümsedi:

– Devlete yardımcı olacağınızı biliyordum, aziz hemşehrilerim, dedi.

İlin zenginleri bıyık altından güldüler. Bu çeşitten cümleler onları her zaman güldürürdü. Her gelen vali ya da general onlara hemşehrim derdi. Önceleri sevindikleri bu sözcük gitgide onlara gülünç gelmeye başlamıştı. Vali sorunu en kısa cümlelerle çözmek ve bir an önce bu sıkıntılı yer-
98 den kurtulabilmek amacıyla, sözünü sürdürdü.
99 – Evet şimdi yapılacak şey, hemen uygulama-

sie zu den Ihren zählten. Regierungspräsident und General waren für sie nur vorübergehende Erscheinungen. Wie einflußreich sie auch sein mochten, von Präsidenten und Generalen hatten sie nichts zu erwarten.

Für sie waren der Präsident, der General und die anderen Staatsbediensteten Leute aus der Hauptstadt. Ihre Verbindung zum Volk pflegten sie im Namen der Regierung. Der Bürgermeister dagegen stammte aus ihren Reihen, war einer aus den gehobenen Kreisen der Stadt. Er schaute gelegentlich verstohlen zu ihnen hin und übersetzte ihnen, was der Präsident sagte, in ein, zwei Sekunden mit den Augen.

«Nun», sagte der Präsident, «es ist Zeit, daß wir unsere Provinz gegen diese furchtbare Plage verteidigen. Wir müssen die Maßnahmen treffen, die am besten greifen. Deshalb werden wir aus dem Haushalt dafür Geld abzweigen. Wir werden die Skorpione mit Stumpf und Stiel ausrotten. Der geehrte Herr General hat versprochen, uns in dieser Sache beizustehen. Nun ist die Reihe an den Vermögenden der Provinz. Auch sie sollen uns finanzielle Hilfe gewähren.»

Die Reichen schauten zum Bürgermeister hin. Da der Bürgermeister sie mit einem Augenzwinkern aufforderte, der Bitte zu entsprechen, erhob sich einer von ihnen:

«Die Bitten unserer hohen Staatsbeamten sind uns immer Befehl. Wir werden ihnen sogleich nachkommen.»

Der General drückte lächelnd seine Freude aus. Als der Präsident den General sah, lächelte auch er:

«Ich wußte, daß Sie dem Staat Ihre Unterstützung nicht versagen würden, meine lieben Landsleute.»

Die Reichen lachten unter ihren großen Schnurrbärten. Solche Sätze brachten sie immer zum Lachen. Jeder neue Präsident oder General nannte sie Landsleute. Aber nachdem ihnen dieses Wort zunächst Spaß gemacht hatte, begann es ihnen dann doch lächerlich vorzukommen. Der Präsident fuhr fort, denn er wollte das Problem mit wenigen, kurzen Sätzen lösen, um möglichst schnell den bedrückenden Ort verlassen zu können:

«Mit der Ausführung der Maßnahmen, die nun zu ergrei-

ya geçmektir. Belediye akrep alımına yarından tezi yok başlayacak. Akrep başına on kuruş verilecektir. Böylelikle memleket ekonomisine de yardım etmiş olacağız. Şimdi belediye başkanı kardeşlerimizden hemen hoparlörle bu kararımızı halka duyurmasını rica ediyoruz. Gösterdiğiniz yakın ilgiden dolayı başta sayın generalimiz olmak üzere hepinize teşekkürler ederim efendim.

Vali teşekkür eder etmez, başta general herkes ayağa kalktı. Yine vali ile generalin öncülüğüyle salondan çıktılar.

Akrebin tanesinin on kuruş ettiği duyulunca ilde bir canlılık başladı. Özellikle yoksulların yaşadığı sokaklarda çoluk çocuk akrep avına çıktılar. Akreplerin para edebilmesi için canlı olmaları gerekiyordu. Böylelikle belediye, her türlü hilenin önüne geçmiş oluyordu. Eski konserve kutuları, mukavva kutular bu iş için kullanılmaya başladı. Akrep gören çocuklar akrebi canlı yakalayabilmek için atılıyorlar, kim önce yakalarsa akrep onun oluyordu.

Akrepler bu genel savaş karşısında eski serbest davranışlarından vaz geçmişlerdi. Duvarların taşların altına daha çok sokulur olmuşlardı. Akrep kovalamak uğruna iki tane kız çocuğu öldü. Bu ilk günlerin kayıplarıydı. Beş on kişi ölümden zor kurtuldular.

Bütün bu olup bitenlere karşın akreple savaş durmadı. Kutusuna üç beş akrep dolduran soluğu belediyenin önünde alıyordu. Belediye çavuşu ile yardımcısı bir çöpcü dikkatle akrepleri sayıyorlar, sonra oradaki büyük bir havanın içinde ezerek öldürüyorlardı. Günde otuz kırk akrep götürenler çıkıyor, korkunç bir yarışmadır başlıyordu. Analar çocuklarına öteki çocukları örnek göstererek kızıyorlardı:

– Gözün kör olsun emiii, gine mi beş dene

fen sind, muß sofort begonnen werden. Die Stadtverwaltung wird unverzüglich mit dem Ankauf der Skorpione beginnen. Je Skorpion werden wir zehn Kurusch zahlen. So unterstützen wir auch die Wirtschaft der Region. Wir bitten unseren Bruder, den Bürgermeister, unseren Beschluß sofort über Lautsprecher der Bevölkerung zu verkünden. Meine Herren, ich möchte Ihnen, besonders dem Herrn General, für Ihre Bereitwilligkeit herzlich danken.

Kaum hatte der Präsident seinen Dank abgestattet, erhoben sich alle, als erster der General, von den Plätzen. Dann verließen sie nach dem Präsidenten und dem General den Saal.

Nachdem sich herumgesprochen hatte, daß je Skorpion zehn Kurusch gezahlt würden, brach in der ganzen Provinz eine hektische Betriebsamkeit aus. Besonders in den Straßen, in denen die Armen wohnten, machten sich alle mit Kind und Kegel auf die Jagd. Um an das Geld zu kommen, mußte man sie lebend abliefern. So wollte die Stadtverwaltung allen Tricks vorbeugen. Zum Fangen benutzte man alte Konservendosen und Pappkartons. Sahen die Kinder einen Skorpion, warfen sie eine Dose oder einen Karton über ihn, um ihn lebend zu fangen. Wer ihn als erster fing, durfte ihn behalten.

Angesichts des allgemeinen Kampfes, der gegen sie aufgenommen wurde, gaben die Skorpione ihr altes, unbekümmertes Verhalten auf. Sie verschwanden jetzt schneller zwischen den Mauersteinen. Bei der Jagd kamen zwei bis drei kleine Mädchen ums Leben. Sie waren die Verluste der ersten Tage. Fünf bis zehn Personen konnten nur mit knapper Not vor dem Tod gerettet werden. Dennoch kam der Kampf gegen die Skorpione nicht zum Stillstand. Wer drei oder fünf Skorpione in der Schachtel hatte, rannte atemlos zum Rathaus. Der Gemeindediener und sein Helfer, ein Müllkutscher, zählten vorsichtig die Skorpione und töteten sie in einem großen Mörser, indem sie sie zerquetschten. Es gab Leute, die am Tag dreißig bis vierzig Skorpione brachten. Ein furchtbarer Wettkampf begann. Mütter hielten ihren Kindern andere Kinder als Beispiel vor und riefen zornig:

«Blindheit soll dich schlagen, du hast wieder nur fünf ge-

dutdun, Asiyenin kızından ibret al canı çıkasıca. Dün otuz dene götürmüş üç bankonot almış, almış, almış da evleri et yüzü görmüş, mintan bile alacaklarmış.

Ne ölüm, ne zehir, ne sıcak, yoksul sokaklarını akrep avcılığından önleyemiyordu. Bu arada hocaların da işleri çoğalmış zehire karşı, akrebe karşı sıra sıra muskalar yazmaya başlamışlardı.

Akrep savaşı çok iyi gidiyordu. Bu işe para yatıran zenginler de sevinmeye başlamışlardı. Artık geceleri daha rahat uyku uyuyorlar, dükkânda tezgâhta daha rahat iş görüyorlardı. Her gün ortalama olarak binden fazla akrep öldürülüyordu. Gerçi günde bu iş için yüz liradan fazla bir para harcanıyordu ama yarısından çoğu zaten belediyenin kasasından çıkıyordu. İldeki genç bir doktor çocukların bu işi yapmalarını önlemeye kalkınca, gerek validen gerekse halktan zılgıtı yedi. Doktor derdini anlatamayacağını anlayınca hemen suspus olup ağzını kapadı.

Akrep yüzünden korkunç kavgalar çıkıyordu. Çocuklar birbirlerini analarına babalarına yakınıyorlar, onlar da sille tokat, bıçak tabanca birbirlerine saldırıyorlardı.

Akreplerin azalmaya yüz tuttuğu günlerden birinde ortalığı allak bullak eden bir haber duyuldu. Yoksullar mahallesinden Ali adında bir adam bir günde belediyeye tam yüz altmış tane akrep götürmüştü. Bu onaltı pangonot demekti. Onaltı pangonot ise bir yoksul için çok iyi bir paraydı. İş burada kalsaydı olay belki de unutulur giderdi, ama işler öyle olmadı. Ali, her Tanrının günü yüz elliden aşağı olmamak üzere belediyeye akrep taşımaya başladı. Kimi günler iki yüz elli akrebi birden getirdiği oluyordu. Belediye başkanı Ali'yi öğdü. Özel teşebbüse örnek olarak gösterdi. Çalışan kazanırdı. Ali belediye başkanının övgüsü karşısında sevinçle sırıttı. Kendisini gerçek-

fangen. Schau dir Asiyes Tochter an; der Teufel soll dich holen. Gestern hat sie dreißig Stück hingebracht und drei Scheine gekriegt, und Asiyes haben seit langem wieder mal Fleisch gegessen. Sie wollen sogar ein neues Hemd kaufen.»

Weder Tod noch Gift noch Hitze konnten die Leute aus den armen Gassen von der Jagd abhalten. Inzwischen hatten auch die Hocas begonnen, gegen das Gift und die Skorpione immer neue Muska zu schreiben.

Der Kampf gegen die Skorpione ging gut voran. Nun begannen auch die Wohlhabenden, die Geld für die Sache gegeben hatten, sich daran zu freuen. Endlich konnten sie nachts ruhiger schlafen, im Laden oder an der Werkbank ging ihnen die Arbeit leichter von der Hand. Jeden Tag wurden mehr als tausend Skorpione getötet. Es wurden zwar über hundert Lira pro Tag dafür aufgewendet, aber mehr als die Hälfte kam ohnehin aus den Kassen der Stadt. Als ein junger Arzt aus der Provinz sich unterstand, Kinder von der Jagd abzuhalten, wurde er sowohl vom Präsidenten, als auch von Leuten aus dem Volk scharf zurechtgewiesen. Als er sah, daß er sich kein Gehör verschaffen konnte, schwieg er.

Wegen der Skorpione kam es zu schrecklichen Schlägereien. Kinder beschwerten sich bei ihren Eltern über andere Kinder, dann gingen Väter und Mütter mit Schlägen und Ohrfeigen, Messern und Pistolen aufeinander los.

Eines Tages, als sich die Zahl der Skorpione deutlich zu verringern begann, verbreitete sich die Nachricht, die alle aus der Fassung brachte. Ein Mann namens Ali aus einem Stadtviertel, in dem arme Leute wohnten, hatte an einem Tag hundertsechzig Skorpione abgeliefert. Das bedeutete: Er hatte sechzehn Scheine kassiert. Ein stattlicher Betrag für einen armen Mann. Wenn es dabei geblieben wäre, hätte man die Sache bald vergessen, doch es blieb nicht dabei. Ali begann nun jeden Tag, den Gott werden ließ, wenigstens hundertfünfzig Skorpione zur Stadtverwaltung zu bringen. Es gab sogar Tage, an denen er zweihundertfünfzig brachte. Der Bürgermeister lobte ihn und stellte ihn als Muster für privates Unternehmertum vor: Wer arbeitet, verdient auch. Ali grinste fröhlich zu dem Lob des Bürgermeisters. Er sah

ten de Özel Teşebbüste yeri olan biri olarak görüyordu. Sokağındaki insanları küçümsemeye bile başlamıştı. Belediye başkanının övgüsünden sonra, Ali işi büsbütün azıttı. Gerçek bir özel teşebbüsçü olduğunu ispatlamak istiyormuşçasına her gün üç yüz, dört yüz akrep getirmeye başladı. İlde Ali'nin ünü öylesine yayıldı ki kendisine düpedüz bir iş adamı gözüyle bakmaya başladılar.

Ali'nin komşusu Mustafagiller bu işte bir bit yeniği olduğunu seziyorlardı. Ali ötekiler gibi öyle sokak sokak akrep ardında dolanmıyordu. Evden de çıktığı yoktu, üstelik. Akşamüstüne doğru elinde koca bir gaz tenekesi ile evden ayrılıyor, belediyenin yolunu tutuyordu. Belediyenin önüne gelince çavuşla yardımcısı ürkerek Ali'yi karşılıyorlardı. Tenekenin içi hemen hemen yarısına kadar akreple dolu olurdu. Bu kadar çok akrebi bir arada görmek alışkın belediye çavuşunu bile iğrendiriyordu. Ali akrep getirdiği zaman saymaz olmuşlardı. Çavuş tiksintiyle soruyordu:

– Kaç dene var?...

Ali büyük iş adamlarına özge bir tavırla cevap veriyordu:

– Eh üç yüzü geçer.

Belediye çavuşu günden güne artan bir kızgınlık içindeydi Ali'ye:

– İki yüz elliye razıysan dök havana.

Nazlanmıyordu Ali. Ark altından su bağışlarcasına gülümseyerek:

– Olur be çavuş, diyordu. Olur... Neden olmasın. Vatanın milletin sayesinde kazanıyoruz biz bu paraları. Üç yüzü geçer a,... sen iki yüz yetmiş beş say. Çavuş bu pazarlığa hemen razı oluyordu. Bulgur döğmek için yapılmış «soku» denilen koca taş havana akrepleri boca ediyordu. Çöpçü elindeki koca tahta tokmakla başlıyordu akrepleri ezmeye. Sokunun içi vıcık vıcık kan

sich selber tatsächlich als einen, der private Initiative ergriffen hatte. Er fing schon an, auf die Leute in seiner Straße herabzusehen. Aber nach dem Lob des Bürgermeister's übertrieb er ein bißchen... Als wolle er beweisen, daß er Unternehmer war, begann er nun jeden Tag drei- bis vierhundert Skorpione abzuliefern. In der ganzen Provinz verbreitete sich sein Ruhm, so daß sie ihn wirklich schon als regelrechten Unternehmer anerkannten.

Alis Nachbarn, Mustafa und seine Familie, spürten, daß da etwas nicht mit rechten Dingen zuging. Ali suchte nämlich nicht wie die anderen Gasse um Gasse nach Skorpionen ab. Er machte kaum je einen Schritt vor die Tür. Meist verließ er das Haus gegen Abend mit einem großen Petroleumkanister und begab sich zum Rathaus. Dort erwarteten ihn bereits der Gemeindediener und sein Helfer, und zwar voller Abscheu. Meist war der Kanister halb voll. So viele Skorpione auf einem Fleck zu sehen, ließ selbst den Gemeindediener, der einiges gewohnt war, schaudern. Wenn Ali Skorpione brachte, waren sie einfach unfähig, sie zu zählen. Der Gemeindediener fragte voll Ekel:

«Wieviele sind es denn heute?»

Ali antwortete im Brustton des Unternehmers:

«Nun, jedenfalls über dreihundert.»

Der Gemeindediener geriet von Tag zu Tag mehr in Mißstimmung:

«Wenn du mit zweihundertfünfzig zufrieden bist, dann schütte sie in den Mörser.»

Ali ließ sich nicht lange bitten. Er lächelte, als überließe er ihnen großzügig Wasser aus seinem Bewässerungsgraben:

«Schon gut, Gemeindediener. Schon gut... Ist mir recht. Immerhin zahlt das Vaterland, das Volk dieses Geld. Es sind allerdings mehr als dreihundert... Lass uns zweihundertfünfundsiebzig sagen.» Der Gemeindediener stimmte dem Handel sofort zu. Ali kippte die Skorpione in den riesengroßen Steinmörser, den man hier «Soku» nannte und zum Zerstampfen der Weizengrütze benutzte. Der Müllmann begann mit einem mächtigen Holzstößel die Skorpione zu zerquetschen.

oluyordu. Bu arada bir iki akrep can derdine düşerek sokunun kenarına çıkmayı başarıyorlardı. Ali sevgiyle bakıyordu onlara. Tıpkı mezbahaya giden kuzularını seyreden bir çoban gibi. Ezilme işi bitince kendisine verilen kâğıdı alıp veznenin önüne dikiliyordu.

Veznedar bile artık paraları Ali'ye kıskanarak vermeye başlamıştı.

– İnşaata ne zaman başlayacaksın ulan Ali?...

Ali başını hafifce yana eğerek cevaplıyordu:

– Önce Allahımın ve Vatanımın, sonra büyüklerimin sayesinde milletimin yüzünü kara çıkarmıyacağım inşallah!...

Ali'nin en çok sevdiği cümle buydu. Radyoda güreşcilerden duymuştu bu cümleyi. Yalnız güreşçiler değil futbolcular ve öteki sporcular da hep aynı şeyi söylüyorlardı. Veznedar Ali'nin eline yirmi yedi buçuk lirayı koyuyordu.

– Hadi bakalım hadi, bu dünyada işin iş ya ötekinde ne bok yiyeceksin?

Ali parayı avucunda sımsıkı tutarak belediye sarayından çıkar, yoksulların gıpta dolu bakışları arasında ağır ağır uzaklaşırdı. İki üç akreple otuz kuruş, beş on akreple elli kuruş alanlar kıskanarak bakardı Ali'ye. «Allah» derlerdi. «Bir kez yürü ya kulum» demeye görsün.

Mustafagillerin evindeki korkunç yoksulluk sürüp gidiyordu. Her gün üç dört akrep ancak yakalıyabiliyorlardı. Aç karnına kavun karpuz yiye yiye hemen bütün ev halkı ishal olmuşlardı. Ali'nin genç karısı, Mustafa'nın on beşindeki karısına durmadan nisbet veriyordu. İkisi de bu sokağın kızlarıydı. Aralarında üç yaş ancak vardı. İki yil arayla gelin olmuşlardı. Ali'nin karısının gözü aslında Mustafa'daydı. Bunun tam tersine Mustafa'nın karısı da Ali'yi seviyordu. Ali'nin karısı Nuriye kocasının düzelen durumundan al-

Im Mörser war alles breiig und quatschig von Blut. Zwei Skorpione versuchten ihr Leben zu retten, waren bis an den Rand des Mörsers gelangt. Ali sah sie liebevoll an, wie ein Schäfer, der zuschaut, wie seine Lämmchen zur Schlachtbank geführt werden. Als alle zerstampft waren, erhielt er einen Zettel und baute sich vor dem Kassenschalter auf.

Auch der Kassierer konnte seinen Ärger kaum unterdrükken, wenn er Ali das Geld auszahlte:

«Na Ali, wann geht's los mit dem Hausbau?»

Ali legte den Kopf ein wenig zur Seite und antwortete:

«Erstens mit der Hilfe Gottes und zweitens dank der Unterstützung meines Vaterlandes und seiner Regierung, werde ich – so Gott will – mein Volk nicht mit Schande beladen!»

Das war Alis Lieblingssatz. Er hatte ihn im Radio von den Ringkämpfern gehört. Aber nicht nur die Ringer, auch die Fußballer und die anderen Sportler sagten immer das gleiche. Der Kassierer drückte Ali siebenundzwanzigeinhalb Lira in die Hand.

«In dieser Welt kommst du wirklich prima zurecht, mal sehen, was für einen Scheiß du in der jenseitigen verzapfst.»

Ali packte sein Geld, verließ das Rathaus und ging mit schweren Schritten unter den neidvollen Blicken der Armen davon. Wer für seine zwei, drei Skorpione dreißig Kurusch, oder für fünf bis zehn Skorpione fünfzig Kurusch bekommen hatte, sah ihn neidisch und mißgünstig an. «Wenn Gott es doch auch mal mit uns so gut meinen wollte», seufzten sie.

Bei Mustafas Familie war die Armut ständiger Gast. Sie konnten gerade drei, vier Skorpione am Tag fangen. Nachdem sie auf hungrigen Magen immerzu nur Honig- und Wassermelonen aßen, hatten sie fast alle Durchfall. Mustafas Frau, etwa fünfzehn Jahre alt, verglich sich dauernd mit Alis junger Frau. Beide waren Mädchen aus dieser Straße. Sie waren kaum drei Jahre auseinander. Im Abstand von zwei Jahren hatten sie geheiratet. Alis Frau hatte eigentlich immer schon ein Auge auf Mustafa geworfen. Und umgekehrt mochte Mustafas Frau den Ali gut leiden. Nuriye, Alis Frau, war voll Stolz angesichts der sich verbessernden Lage ihres

dığı gururla habire, Mustafa'nın karısına çalım satıyordu. Kocası eve iki kiloluk bir Vita kutusu getirdiği gün belki elindeki kutuyla yirmi dakika kapının önünde beklemişti. Mustafa'nın karısı çıksın da gördün diye. Sonunda çıkmıştı Mustafa'nın karısı. Nuriye'nin elindeki Vita'yı görünce de az daha bayılacaktı.

Mustafa'nın karısı, sonunda aradığı fırsatı eline geçirdi. Nuriye, kocası ve kaynanasıyla birlikte evden çıkıp gitmişti öğlenin sıcağında. Üçü de karnı tok kedilere benziyorlardı. Mustafa'nın karısı bir süre onların uzaklaşmasını bekledi. En azından üç dört saat gittikleri yerde kalırlardı. Mustafa'nın karısı usul usul Ali'nin evine yanaştı. Kendi evlerini nasıl biliyorsa, Ali'lerin evini de öyle biliyordu. Ali'nin evi küçük bir avlunun içine yapılmıştı. Çevresindeki duvarın en yüksek yeri yetmiş santimi zor bulurdu. O da yıkık döküktü. Mustafa'nın karısı kolaylıkla duvarı aşarak içeri girdi. Bir iki küçük itelemeden sonra kapıyı açtı. Yüreği gümbür gümbür çarpıyordu. Gözlerini aceleyle duvarlarda kapılarda dolandırdı. Hiç olağanüstünlük yoktu bu evde. Aliyle Nuriye'nin yattıkları odanın kapısını açtı. Yere serili kirli eski bir yatak düzetilmeden bırakılmış, öylece duruyordu.

Mustafa'nın karısı bir an yataktan gözlerini ayıramadı. Yataktan biraz önce çıkılmış olduğu belliydi. Umursamazlık ve şehvet kokuyordu yatak. Eski çarşaf yatağın ortasına toplanmıştı. Yorgan sağ yanda yığılmış duruyordu. Yastık yönünü değiştirmiş, tıpkı bir pusula ibresi gibiydi. Sol yandaki bir yırtıktan içindeki kirli yün görünüyordu. Mustafa'nın karısı buraya neden geldiğini unutmuştu, hırsla söylendi:

– Uruspu Nuriye n'olacak, utanmıyor da güpegündüz kocasının altına yatmıya, üstelik kayna-

Mannes und gab sich Mustafas Frau gegenüber hochfahrend und überheblich. Als ihr Mann ein Zweikilopaket Margarine der Marke Vita nach Hause brachte, blieb sie beinahe zwanzig Minuten mit dem Paket in der Hand vor der Tür stehen: Mustafas Frau sollte herauskommen und es sehen. Schließlich kam sie auch heraus; als sie die Vita in Nuriyes Hand sah, fiel sie fast in Ohnmacht.

Endlich bot sich Mustafas Frau die Gelegenheit, auf die sie lange gewartet hatte. Eines Tages verließen Nuriye, ihr Mann und ihre Schwiegermutter in der Mittagshitze das Haus. Sie sahen aus wie drei satte Katzen. Mustafas Frau wartete eine Weile, bis sie fort waren. Sie würden mindestens drei, vier Stunden wegbleiben.

Sie näherte sich verstohlen Alis Haus. Sie kannte das Haus so gut wie ihr eigenes. Es stand in einem kleinen Hof. Die Mauer, die den Hof umgab war an der höchsten Stelle kaum höher als siebzig Zentimeter. Zudem war sie halb eingefallen. So überwand sie die Mauer ganz leicht und ging hinein.

Nachdem sie ein, zweimal an die Tür gestoßen hatte, öffnete sie sich. Ihr Herz schlug wie wild, und ihre Augen suchten schnell Wände und Türen ab. Es war nichts außergewöhnliches im Haus. Sie öffnete die Tür des Zimmers, in dem Ali und Nuriye schliefen. Ein schmutziges Bett war auf dem Boden ausgebreitet, es lag ungemacht da.

Eine Weile konnte Mustafas Frau ihre Augen nicht von dem Bett abwenden. Es war klar, daß erst kurz zuvor jemand aus dem Bett aufgestanden war. Es roch nach Unbekümmertheit und Lüsternheit. Das alte Bettuch war in der Mitte zusammengezogen. Die Steppdecke war auf der rechten Seite aufgetürmt. Das Kissen war verschoben, wie eine Kompaßnadel. An der Seite sah man durch einen Riß die unsaubere Wollfüllung. Mustafas Frau hatte vergessen, warum sie eigentlich gekommen war. Voller Zorn murmelte sie:

«Diese Hure von Nuriye schämt sich nicht, sich am hellichten Tag unter ihren Mann zu legen, noch dazu wo die

nası da evdeyken, başına daş düşsün emi, yatağı bilem kaldırmamış. Ah! Uruspu ah, geberirsin inşallah!

Bir iğrençliği örtmek istiyormuş gibi gitti hırsla yorganı yatağın üstüne örttü. Odayı bir daha gözden geçirdi. İçinde bir yer yıkılmıştı, kendi de bilemiyordu mutsuzluğunun nedenini. Midesinden ağzına doğru acımtırak bir su geldi. Elinde olmadan sedire oturdu. On beş yaşın çaresizliği içine çökmüştü. Ellerini dizinin üstüne koydu. Bir türlü gözlerini yataktan ayıramıyordu. Kasıklarında garip bir karıncalanma başlamıştı. Elinde olmadan Aliyle bu yatakta sevişmeye başladığını düşünmeye başladı. Kocasıyla her yatağa girişte aynı şeyi yapardı. Hafifçe başı dönmeye başladı. Burnunun üstünde ince bir sızı, ama tatlı bir sızı kendini duyurmaya başlamıştı bile. Diz kapaklarını avuçlarının içinde sıkmaya başladı. Hava sıcaktı. Boğucu bir sıcak vardı. Bir an soyunup yatağın içine girmeyi geçirdi aklından. Bilmiyordu ki, Nuriye de geceleri Ali ile yatarken o'nun kocasını düşünüyor. Tıpkı onun kurduğu hayallere benzer hayaller kuruyor.

Mustafa'nın karısı öfkeyle yerinden kalktı. Bu pislerin evine ne diye gelmişti sanki?... Mundarlıktı bunların yaptığı, güpegündüz utanmıyorlardı da. Öyle; karınları toktu. Azgın itler gibi sevişmeyip n'öreceklerdi. Cehennemde çatır çatır yanarlardı, inşallah yanarlardı.

Mustafa'nın karısı da geçer karşılarına keyif sürerdi, cennetin yeşil çayırlarında. Kapıya gelmişti. Mustafa'nın karısı ne var ki, bir türlü ayrılamıyordu oradan. Birden bütün gücünü topladı, kapıyı örterek çıktı. Derin bir soluk aldı. Kocası evdeydi, hemen yatağı serse, koynuna alsaydı kocasını ne olur-

Schwiegermutter zu Hause war. Ein Stein soll ihr auf den Kopf fallen, sicher hat sie das Bett absichtlich nicht gemacht. Ach! Du Hure, du sollst verrecken!»

Als wollte sie ihren Ekel besänftigen, zog sie zornig die Steppdecke über das Bett. Dann schaute sie sich noch einmal im Zimmer um. In ihr war etwas zerbrochen, doch sie wußte nicht, was; sie wußte nicht, was sie so unglücklich machte. Aus ihrem Magen stieg eine säuerliche Flüssigkeit in den Mund auf. Sie konnte nicht anders als sich auf die gepolsterte Bank setzen. Die ganze Ausweglosigkeit ihrer erst fünfzehn Jahre wurde ihr bewußt. Sie stützte die Hände auf die Knie. Sie schaffte es nicht, den Blick vom Bett zu wenden. In ihren Leisten begann ein seltsames Ameisenkribbeln. Ohne etwas dagegen tun zu können, begann sie sich vorzustellen, wie sie mit Ali in diesem Bett schlafen würde. Das tat sie auch immer, wenn sie mit ihrem Mann ins Bett ging. Ihr wurde etwas schwindlig. Über der Nase fühlte sie einen leichten Schmerz, aber es war ein süßer Schmerz, der sich dort bemerkbar machte. Sie begann mit den Handflächen an ihren Kniescheiben herumzudrücken. Es war heiß. Eine stickige Hitze. Ganz kurz hatte sie die Idee, sich auszuziehen und in das Bett zu schlüpfen. Sie wußte nicht, daß Nuriye, wenn sie nachts mit Ali schlief, an Mustafa dachte. Die gleichen Träume die sie hatte, träumte auch Nuriye.

Voll Zorn stand Mustafas Frau nun auf. Warum war sie in das Haus dieser Dreckskerle gekommen? Was die taten, war nichts anderes als sich im Dreck suhlen, sie schämten sich nicht einmal am hellichten Tag. Es war schon so, sie waren unersättlich. Sie konnten gewiß nicht anders als wie ungebärdige Hunde miteinander zu schlafen. In der Hölle würden sie prasselnd brennen, hoffentlich würden sie dort brennen. Sie selber, Mustafas Frau, würde ihnen gegenübertreten und es sich gut gehen lassen auf den grünen Auen des Paradieses. Sie ging zur Tür, konnte sich aber unerklärlicherweise nicht von dem Haus trennen. Dann nahm sie ihre ganze Kraft zusammen, warf die Tür hinter sich zu und trat hinaus. Sie atmete tief auf. Ihr Mann war zu Hause,

du?... Aklına kaynanası geldi döve döve kırardı, gövdesinde kırılmadık tek bir kemik bırakmazdı alimallah. Ali'nin anası hiç sesini çıkarmıyordu bak.

Derin bir soluk daha aldı. Tam evden çıkacakken gözüne eski ahırın kapısı ilişti. Sımsıkı kapalıydı kapı. Kocaman da bir asma kilit vardı üstünde. Üstelik bu kapı her zaman yarı aralık dururdu. İçine odun modun korlardı bulurlarsa. Hırsla kapıya doğru yürüdü. Anahtar asma kilidin üstünde duruyordu. Kapının sağ yanında yepyeni bir süpürge bir koca ateş küreği üç çift yün çorap, bir çift de eski lastik çizme vardı.

Mustafa'nın karısı anahtarı kilidin içinde iki kez çevirdi. Kapıyı usul usul itti. Önce gözleri karanlıktan hiç bir şey göremedi. Ahırın tepesindeki küçük pencereden süzülen ışığın bulunduğu yere gözleri takılınca korkuyla geri sıçradı. Ahırın içi akreple doluydu. O kadar çok akrep vardı ki, Mustafa'nın karısı gözlerine inanamıyordu. Birden herşeyi anladı. Aligiller akrep üretiyorlardı. Ahırı akrep çiftliği yapmışlardı. Dudaklarını hırsla ısırdı. Ne kadar akıllıydı bu Ali. Taştan ekmeğini çıkarırdı. Demek süpürgeyle tenekeye doldurup doldurup satıyorlardı. Mustafa'nın karısı süpürgeyi bir eline, öteki eline de küreği aldı. Biraz ötede gaz tenekesi duruyordu. Gaz tenekesini görünce süpürgeyi de öteki eline aktardı. Gaz tenekesini yakaladığı gibi eski ahırdan içeri daldı. Gözleri karanlığa alışmıştı. Artık ne yatak, ne Ali umurundaydı. Yerler akreple doluydu binlerce akrep.

Mustafa'nın karısı akrepleri küreğin içine süpürmeye, dolan küreği de tenekeye boşaltmaya başladı. İkinci küreği boşaltırken sağ ayağında bir yanma duydu. Acıyla küçük bir çığlık attı. Daha birincisinin etkisi kaybolmadan yine aynı ayağının bileğinde ikinci bir yanma oldu.

wie wäre es, wenn sie gleich das Bett ausbreitete und er zu ihr schlüpfte? Da fiel ihr die Schwiegermutter ein, die würde sie kurz und klein prügeln. Weiß Gott, kein Knochen ihres Körpers würde heil bleiben. Alis Mutter, die sagte nichts dazu.

Sie atmete noch einmal tief. Als sie schon dabei war, das Haus zu verlassen, fiel ihr Blick auf die Tür des alten Stalles. Die Tür war fest verschlossen. Es hing ein riesiges Vorhängeschloß daran. Dabei stand die Tür doch sonst immer halb offen. Wenn sie was fanden, dann hoben sie dort Brennholz und ähnliches auf. Wütend ging sie zur Stalltür. Der Schlüssel des Vorhängeschlosses steckte. Rechts neben der Tür stand ein nagelneuer Besen und eine große Feuerschaufel, daneben lagen drei paar Wollstrümpfe und ein paar alte Gummistiefel.

Mustafas Frau drehte den Schlüssel zweimal im Schloß. Dann drückte sie vorsichtig die Tür auf. Erst konnten ihre Augen wegen der Dunkelheit nicht alles sehen. Als sie ihren Blick auf die Stelle richtete, auf die das Licht fiel, das durch das kleine Fenster oben im Stall hereinkam, sprang sie vor Schreck zurück. Der ganze Stall war voller Skorpione. Da war ihr alles klar: Ali und seine Familie züchteten Skorpione. Sie hatten den Stall zu einer Skorpion-Zuchtfarm gemacht. Mustafas Frau zog zornig die Lippen zusammen. Wie tüchtig dieser Ali doch war! Er verstand es, das Leben geschickt anzupacken. Er füllte sie also mit Schaufel und Besen in den Kanister und verkaufte sie. Sie nahm den Besen in die eine, die Schaufel in die andere Hand. Dann sah sie weiter vorn den Kanister stehen. Sie nahm auch den Besen in die Hand, in der sie schon die Schaufel hielt. Dann ergriff sie den Kanister und trat in den alten Stall. Ihre Augen hatten sich an die Dunkelheit gewöhnt. Nun hatten das Bett und Ali mit einem Mal keine Bedeutung mehr. Der Boden war voller Skorpione, es waren tausende. Sie begann sie mit dem Besen auf die Schaufel zu kehren und in den Kanister zu füllen. Als sie die zweite Schaufel einfüllte, spürte sie am rechten Fuß einen brennenden Schmerz. Sie stieß einen kleinen Schrei aus. Kaum ließ der erste Schmerz nach, spürte sie am Knöchel des gleichen Fußes wieder ein Brennen. Sie warf den Besen auf den Boden und versuchte den Skorpion an ihrem Fuß zu

Süpürgeyi yere bırakarak ayağındaki akrebi kovmak istedi. Elini ayağına götürür götürmez elindeki yanmayla irkildi. Birden can derdine düştü Mustafa'nın karısı. Kaçmak istedi. Ayağı gaz tenekesine takıldı. Yuvarlandı. Kalkmaya savaşırken ellerinde ve ayaklarında ateş değiyormuş gibi bir yığın yanma oldu. Dirseklerinin üstüne dayanmak istedi olmadı. Her yeri bütün bedeni yanmaya başlamıştı. Korkunç bir çığlık attı. Yan üstü devrildi, durmadan debeleniyordu. Her debelenişinde bir yığın acı gövdesini sarıyordu. Kor bir ateş yığınının üstündeymiş gibi titremeye başladı. En son, ensesindeki acıyı duydu ve katıldı kaldı.

Akrepler yavaş yavaş evin içine yayıldılar. Sonra evden sıkılmış gibi sokak kapısından dışarı çıktılar. Sokakta oynayan çocuklar ilk akrebi görünce sevinçle koşuştular. Alilerin evinin önü akrep doluydu.

verscheuchen. Doch kaum hatte sie mit der Hand den Fuß erreicht, zog sie sie erschrocken zurück: sie brannte entsetzlich. Da wurde Mustafas Frau von Todesangst gepackt. Sie wollte fliehen. Sie stolperte über den Kanister und fiel hin. Als sie sich verzweifelt bemühte, aufzustehen, spürte sie überall an Händen und Füßen brennenden Schmerz, als hätte sie ins Feuer gefaßt. Sie wollte sich auf die Ellbogen stützen, schaffte es aber nicht. Keine Stelle blieb verschont, der ganze Körper begann zu brennen. Sie schrie fürchterlich, warf sich auf die Seite, schlug mit Armen und Beinen um sich. Doch bei jeder Bewegung wurde ihr Körper von stärkeren Schmerzen erfaßt. Wie auf einem Haufen feuriger Glut fing sie an zu zittern. Schließlich spürte sie den Schmerz in ihrem Nacken, und dann bekam sie keine Luft mehr.

Die Skorpione verteilten sich langsam über das ganze Haus. Dann, als würde ihnen das Haus zu eng, zogen sie durch das Hoftor hinaus. Als die Kinder auf der Straße die ersten Skorpione sahen, liefen sie vor Freude zusammen. Rund um Alis Haus war alles voller Skorpione.

Tomris Uyar
Ölen otelin müşterileri

İlk gelenlerimiz, yazbaşında görünürlerdi. Yıkık kilisenin yamacındaki gelincikler yeni bittiğinde, gecelerin ayazı tamtamına kırılmadan, gemi haftanın iki günü uğrarken, kıyıda, kışın getirip bıraktığı yosunlar, çerçöp, geçen yazdan kalma deniz yağı şişeleri, unutulmuş hasırlar hâlâ dururken – kum kamyonu,

Haziran'a hazırlık, temiz bir kum örtüsü serpmemiş daha kumsala. Lokantalarla kır kahvelerini kimlerin işleteceği bile belli değil, pansiyonların, otellerin fiyatları kararlaştırılmamış, Belediye'nin kiraya verdiği tek göz dükkânlar açılmamış. Kıyı, yaza hazır değilken daha.

Ama bahar bitiminde bir gün, postacı, Belkıs Hanım'ın Paris'ten kendi adına, otel adresine postaladığı kitaplar ve eş dostunun ona yolladığı dergilerle çıkageldi mi, Otel, o yaz da geleceğimizi anlardı.

Aramızda, yazıya ve söze dökülmemiş ama koşullarına kılıkılına uyulan bir anlaşma vardı çünkü. Dönecektik, eski odalarımızda kalacaktık, sabah kahvaltılarını «yemek salonu» dediğimiz geniş taşlıkta ayrı masalarımızda geçiştirip (kimilerimiz iki-üç zeytin, bir dilim ekmek, beş bardak çayla, kimilerimiz iki bira ve peynirle, Numan Bey, vişne sulu votka ve karidesle) en erken kalkanımızın çarşıdan aldığı gazetelere bir göz atacak,

gidip çınarların altında birer kahve içecek, gün iyice ısındığında yine otele dönüp mayolarımızı giyecek, denize yürüyecektik. Ve gün boyunca bir daha karşılaşmamaya özen gösterecektik. İçinde yaşadığımız bu dar alanı

Tomris Uyar
Die Gäste des sterbenden Hotels

Die ersten von uns stellten sich bereits zu Beginn des Sommers ein. Wenn der Klatschmohn am Abhang vor der zerfallenen Kirche neu aufgegangen war, noch bevor sich die strenge Kälte der Nächte gänzlich gelegt hatte und das Schiff zweimal die Woche kam; wenn am Ufer Seetang, Äste und Gestrüpp, die der Winter gebracht hatte, und die Sonnenölflaschen und Strohmatten vom letzten Sommer noch herumlagen; wenn der Sandlastwagen, als Vorbereitung auf den Juni, noch keine frische Sandschicht auf den Strand gestreut hatte; bevor überhaupt klar war, wer die Lokantas und offenen Cafés dieses Jahr betreiben würde, und die Preise der Pensionen und Hotels festgelegt waren; bevor die Läden, die von der Gemeinde vermietet wurden und nur aus einem Raum bestanden, geöffnet hatten; wenn die Küste noch nicht auf den Sommer vorbereitet war.

Doch eines Tages gegen Ende des Frühjahrs würde der Briefträger von Belkıs Hanım aus Paris an sich selber unter der Adresse des Hotels aufgegebene Bücher bringen sowie Zeitschriften, die Freunde und Angehörige an sie schickten. Das Hotel würde daraus schließen, daß wir auch diesen Sommer kommen würden. Zwischen uns gab es nämlich ein Abkommen, das weder schriftlich noch mündlich fixiert war, dessen Regeln aber peinlich genau befolgt wurden. Wir würden wieder kommen, in unseren alten Zimmern wohnen, unser Frühstück an getrennten Tischen hinter uns bringen, im Vestibül mit dem Steinfußboden, das wir «Speisesaal» nannten (manchen von uns nahmen zwei, drei Oliven, eine Scheibe Brot und fünf Gläser Tee, manche zwei Bier und Käse, und Numan Bey nahm Wodka mit Sauerkirschensaft und Garnelen). Wer zuerst aufgestanden war, würde einen Blick in die Zeitungen werfen, die er aus den Läden mitgebracht hatte. Wir würden hinausgehen, uns unter die Platanen setzen und jeder seinen Kaffee trinken. Wurde es dann richtig warm, kehrten wir zum Hotel zurück, um Badezeug anzuziehen und zum Meer zu laufen. Dann versuchten wir uns möglichst den ganzen Tag

böylelikle genişletmeye, herkesin avucunun içi gibi bildiği bu adayı bir bağımsızlık alanına çevirmeye sessizce karar vermiştik sanki. Karşılaşırsak, şöyle bir gülümsüyor, konuşmadan yolumuza gidiyorduk.

Az yükle yolculuk etmeyi seviyorduk – en önemli ortak özelliklerimizden biri. O yüzden Naşide Hanım'la Burhan Bey, yazbaşında köpekleri Karakız'la birlikte gemiden indiklerinde, ellerinde iki ufak çanta vardı yalnız. Yazlık giysilerini, geçen Ekim'de kente dönerken otelin bir odasında bırakmışlardı.

Onlar geldiğinde daha aşçı bile olmazdı otelde ama kapı hep açıktı nasılsa, buzdolabı çalışıyordu; isterlerse, ocağı ve kapkacağı kullanabilirlerdi.

Uzunca süren bir başbaşalık dönemi yaşıyorlardı herhalde (bizler öyle düşünüyorduk), denize bakıp dipteki kara lekelerin her yıl nasıl biraz daha arttığını gözlemliyorlardı. Naşide Hanım, elinden hiç eksik etmediği kitabına dalıyordu arasıra: çoğu kere Fransızca bir anılar-kitabı.

Altmış yaşını aşmıştı bizlere sorarsanız, ama bir zamanlar çok güzel, çok çekici oldukları ilk bakışta anlaşılan bütün sarışın ve mavi gözlü dilberler gibi, yarı-saydam teniyle, dudaklarında arasıra beliren o şımarık-çapkın yine de ölçülü gülümseyişiyle, görgülü, soylu bir kadından çok, yazgının bir cilvesi sonucu, o kadının roma-baharını oynamaya zorlanan yeni yetme, hevesli bir yıldız adayına benziyordu. Yoksa tam tersi mi? Yani aslında Deanna Durbin'liğe özenen bir Vivien Leigh miydi? Her neyse.

Aynı yaşta olmalarına karşın Burhan Bey, çok daha dinç, genç görünüyordu ondan. Esnafla şakalaşıyor, fıkralar anlatıyor, masasının dolmasına can atıyor, yalnız bizlere değil yabancılara da

nicht mehr zu begegnen. Als hätten wir, ohne darüber zu sprechen, beschlossen, das begrenzte Gebiet zu erweitern und die Insel, die wir alle genau kannten, in ein Gebiet der Unabhängigkeit zu verwandeln. Trafen wir uns doch, dann lächelten wir ein wenig und setzten wortlos unseren Weg fort.

Wir reisten gern mit wenig Gepäck – das war eine unserer wichtigsten gemeinsamen Eigenarten. Wenn daher Naşide Hanım und Burhan Bey zu Beginn der Sommers zusammen mit ihrem Hund Karakız vom Schiff stiegen, trugen sie nur zwei kleine Taschen bei sich. Ihre Sommerkleidung hatten sie, als sie im vergangenen Oktober in die Stadt zurückgefahren waren, in einem Zimmer des Hotels gelassen.

Wenn sie kamen, war meist noch kein Koch im Hotel, doch da die Tür offenstand und der Kühlschrank ging, konnten sie, wenn sie wollten, Herd und Küchengerät benutzen.

Sicher lebten die beiden in einer schon lange dauernden Gemeinschaft (so vermuteten wir). Sie schauten aufs Meer und beobachteten, wie sich die schwarzen Flecken am Grund Jahr um Jahr etwas vergrößerten. Naşide Hanim vertiefte sich ab und zu in das Buch, das sie nie aus der Hand legte; meistens war es ein Band Memoiren in französischer Sprache. Wenn Sie uns fragen, so hatte sie die Sechzig überschritten, doch man sah auf den ersten Blick, daß sie früher sehr schön, sehr attraktiv gewesen war, wie alle diese blonden und blauäugigen Schätzchen mit ihrer transparenten Haut und dem verwöhnt-sinnlichen, doch maßvollen Lächeln, das sich ab und zu auf ihren Lippen zeigte. Es war weniger ihr gutes Benehmen oder ihre vornehme Herkunft, sondern eher eine Laune des Schicksals, daß ihr reifes Lebensalter, das sie zwang, immerzu «Römischer Frühling» zu spielen, sie aussehen ließ wie jemand, der ein Star sein möchte. Oder war es umgekehrt? War sie doch eine Vivien Leigh, die sich danach sehnte, eine Deanna Durbin zu sein? Nun, wie dem auch sei.

Obgleich sie im gleichen Alter waren, sah Burhan Bey sehr viel rüstiger, viel jünger aus als sie. Er machte Späße mit den Händlern und erzählte Anekdoten, er liebte es, mit vielen Leuten am Tisch zu sitzen, und scheute sich nicht, nicht nur uns,

ikramdan kaçınmıyordu. Sanki karısının yüzüne ölümün eli değmişti de o, bu eli itelemeye, karısıyla yaşam arasında bir köprü kurmaya çabalıyordu. Karısının kayıtsız gözlerinde en ufak titreşimi yakalar yakalamaz, onun kolunu sevgiyle okşuyor, bizlere bakıp bu titreşimin bir yankı bulup bulmadığını araştırıyordu. Bizler onların birbirlerini sevdiklerini biliyorduk, en azından sevgiye çok yakın bir şeyi paylaştıklarını. Yabancılardan aynı anlayışı bekleyemezdik tabii. İnsanlar «kültür farklılığı» denen şeye nedense çok önem verirler.

Onların gözünde Burhan Bey, karısının servetine göz dikmiş bir aylaktı, çünkü o taşralıydı, karısıysa İstanbullu, Kanlıcalı. Oysa bizler, Naşide Hanım'ın, kocasının yanlış kullandığı sözcükleri neden hiç düzeltmediğine daha çok önem veriyorduk. Naşide Hanım, Karakız'ı masanın altında gizlice beslerken sözgelimi, Burhan Bey, garsonu köşedeki dönerciye yollayıp bir porsiyon döner aldırıyor, Karakız'la otele eski bir müşteriden ardakalan Rus köpeği Flöri arasında bölüştürüyordu. Açıkça. Biz bunları önemli ipuçları olarak değerlendiriyorduk. Sevginin ufak göstergeleri diye düşünüyorduk.

O günlerde – söz konusu yazbaşında – Otel'e yalnızca akşamdan akşama, yatmaya geldiklerinden, çatalların biraz daha eğrildiğini, bacağı kırık masa sayısının iyice arttığını, muslukların onarım görmediğini, sifonun hâlâ çalışmadığını, raflara dizili ucuz şarapların gitgide azaldığını görmüyorlardı pek.

Burada miras tartışmalarından, zorla katılınan toplantılardan, Kanlıca'daki yalının satışından pay kapmaya çalışan hırslı kızkardeşlerle hain oğullardan, kapı önündeki içki şişelerini sayan meraklı site komşularından

sondern auch Fremde reich zu bewirten. Es war, als habe seiner Frau der Tod die Hand auf das Gesicht gelegt, und er bemühte sich, diese Hand wegzustoßen und eine Brücke zwischen seiner Frau und dem Leben herzustellen. Sobald er auch nur ein Flackern in ihrem gleichgültigen Blick bemerkte, streichelte er liebevoll ihren Arm und schaute zu uns, um festzustellen, ob dieses Flackern bei uns eine Reaktion gefunden hatte. Wir wußten alle, daß sie sich liebten, oder wenigstens etwas der Liebe sehr ähnliches teilten. Von Außenstehenden konnten wir das gleiche Verständnis dafür natürlich nicht erwarten. Die Menschen halten das, was man mit «Kulturunterschiede zwischen den Klassen» bezeichnet, eben doch für sehr wichtig. In ihren Augen war Burhan Bey ein Müßiggänger, der ein Auge auf das Vermögen seiner Frau geworfen hatte, denn er kam aus der Provinz, sie war Istanbulerin, aus Kanlıca. Wir dagegen achteten mehr darauf, warum Naşide Hanım die Wörter, die ihr Mann falsch anwendete, nie korrigierte. Während man sich erzählte, Naşide Hanım füttere Karakız heimlich unter dem Tisch, schickte Burhan Bey den Kellner zur Dönerbude an der Ecke und ließ ihn eine Portion gebratenes Fleisch vom Drehspieß holen und gab sie zu gleichen Teilen den Hunden Karakız und Flöri, einer Promenadenmischung, die ein alter Gast im Hotel zurückgelassen hatte. Das tat er ganz offen. Alles das hielten wir für wichtige Gesten. Wir dachten, daß es kleine Zeichen ihrer Liebe waren.

In diesen Tagen – am Sommeranfang, von dem wir sprechen – sahen sie, weil sie nur abends zum Schlafen ins Hotel kamen, nicht, daß die Gabeln noch etwas mehr verbogen waren, die Zahl der Tische mit wackeligen Beinen beträchtlich angestiegen war, die Wasserhähne nicht repariert waren, die Wasserspülung noch immer nicht funktionierte und der billige Wein in den Regalen immer weniger wurde. Sie waren weit weg von den Erbstreitigkeiten, den Treffen, zu denen sie unbedingt erscheinen mußten, den gierigen Schwestern und niederträchtigen Söhnen, die beim Verkauf des Yalıs, des großen Sommerhauses in Kanlıca, ihren Teil ergattern wollten, weit weg von den neugierigen Nachbarn ihrer Wohn-

uzaktaydılar ya, yetiyordu: uçsuz bucaksız bir denize bakarak konuşmak, susmak, arada Karakız'ı okşamak.

Buralılar da dedikodumuzu yapıyorlardı, biliyorduk. Ama kış boyunca boş oturuyor bu adamlar. Başka konuları yok ki: *para* kimin acaba, karıların mı, kocaların mı? Yine de bizleri benimsediler nedense. Bir aile olarak görüyorlar, anlamaya çalışıyorlar. Tek çözemedikleri, neden her zaman birlikte olmadığımız, neden lokantalarda, kahvelerde hep birlikte görünmediğimiz.

On gün sonra, hava yazladığında, aşçı gelirdi Erdek'ten: Otel, mutfağı sıcak, yaşayan bir ev oluverirdi. Aşçı, ilk hevesle, yaz boyunca bir daha asla beceremeyeceği, becermeye özenmeyeceği güzellikte bir köfte kızartırdı.

Naşide Hanım'la Burhan Bey de öğle yemeğini dışarda, kıyıdaki tentenin altında yemeğe karar verirlerdi. İkinci kadehte, yirminci sigarada, biz gelirdik akıllarına. Yahu nerelerdeydik? Gelmeyecek miydik yoksa? İşte o anda, çarşafların sarılığı, somyanın pası, su şişelerinin dibindeki kara tortu, badana görmemiş duvarlar çarpardı gözlerine. Otel sahibini çağırıp ağzından bir şeyler almaya çalışırlardı. Ne o, yoksa oteli elden çıkarmayı mı düşünüyordu?

(Sonra bizler nereye giderdik?) Birazcık onarım yeter canım, tepeden tırnağa elden geçirmek gerekmez, astarı yüzünden pahalıya oturur bugün, ama biraz bakımla hiç değilse bir süre daha gider.

Bizimle bir kadeh içmez miydiniz Sinan Bey? Naşideciğim, bir bardak getirsene içerden. Sahi, Belkıs Hanım'ın odasının kırık camı değiştirildi miydi? Yapmayın, naylon germekle olur mu? Yaz ortasında

siedlung, die die Schnapsflaschen vor ihrer Türe zählten. Es genügte ihnen, auf das endlose Meer zu schauen und sich zu unterhalten, zu schweigen, ab und zu Karakız zu streicheln.

Die Einheimischen klatschten sicher auch über uns, wir wußten das. Aber schließlich hatten die Leute den ganzen Winter lang nichts zu tun. Sie hatten nur ein Thema: Wer hat *das Geld*, die Frauen oder die Männer? Dennoch waren wir ihnen sehr vertraut. Sie sahen uns als eine Familie, versuchten uns zu verstehen. Das einzige, was sie sich nicht erklären konnten, war, warum wir nicht immer zusammen waren, sie uns im Restaurant oder Café nicht zusammen sahen.

In zehn Tagen, wenn das Wetter sommerlich war, würde der Koch aus Erdek herüberkommen: Wenn die Küche in Betrieb war, würde das Hotel schnell zu einem lebendigen Haus. Der Koch würde in der ersten Begeisterung so hervorragende Fleischbällchen braten, wie er sie den ganzen Sommer bestimmt nicht wieder schaffen würde, es wohl auch nicht wieder versuchen, sie so gut hinzukriegen. Naşide Hanım und Burhan Bey würden beschließen, ihr Mittagessen im Freien, unter ihrem Sonnendach am Strand, einzunehmen. Beim zweiten Glas und der zwanzigsten Zigarette würden wir ihnen einfallen. Ja wo blieben wir denn? Würden wir am Ende nicht kommen? In diesem Moment würde ihnen die vergilbte Farbe der Bettücher, der Rost der Sprungfedern, der schwarze Satz am Boden der Wasserflaschen und die ungestrichenen Wände ins Auge fallen. Sie würden den Hotelier rufen und versuchen, ihm ein paar Neuigkeiten aus der Nase zu ziehen. Was das bedeute, ob er daran denke, das Hotel zu verkaufen? (Wo sollten wir dann hingehen?) Ein paar Reparaturen reichen doch schon, mein Lieber, es ist gar nicht nötig, vom Dach bis zum Keller alles durchzugehen, da käme die Brühe teurer als der Braten. Aber wenn man es in Ordnung hielte, würde es noch eine Weile gehen. Wollen Sie nicht ein Glas mit uns trinken, Sinan Bey? Ach liebe Naşide, hol doch ein Glas von drinnen. Was Sie nicht sagen, die kaputte Scheibe in Belkıs Hanıms Zimmer ist inzwischen ersetzt? Aber hören Sie, Sie können doch nicht einfach ein Stück Plastik

bile geceleri sert bir esinti çıkıyor. Geçen yıl kötü üşütmüştü biliyorsunuz. Tabii biliyorum burada cam bulunmadığını, ta nerelere gitmek gerek ama... Bu yaz gelmezse... Yani Sinan Bey'ciğim, borç filan istiyorsanız, hiç çekinmeden...

Yine de geleceğimizi bilirdik. Bütün anahtarların bütün oda kapılarını açtığı bu otele gelecektik. (Bizi bırakıp bir önceki yazı başka bir tatil yöresinde geçiren Necla Hanım'ı asla bağışlamamıştık. Ama bu tür tatsız konular pek konuşulmazdı aramızda.) Bizsiz geçirdikleri günlerde Naşide Hanımla Burhan Bey'in de böylesi konuları açtıklarını hiç sanmayız. O öğleden sonra onlara düşen görev, yeni açılan ve değişik yemekler çıkaran lokantaları keşfetmek (dalgakıranın oradaki köftecide gece geç saatte işkembe çorbası bulunuyormuş), ölenlerle sağ kalanların bir dökümünü yapmak (Haldun Bey, kalp krizi geçirmiş, atlatmış ama bir zamanlar vurgun yemişliği var ya o kötü, teknesi biraz bakımsız o yüzden. Bakkal Mustafa sizlere ömür, dükkânı oğlu işletiyor, temiz bir çocuk. Mehmet Usta'nın gözüne perde inmiş.

Kız-Ercan, Balıkesir'de bir pavyonda çalışıyormuş), bakkallara içki ve sigara yedeklemeyi hatırlatmak, yeni gelen garsona akşam yemeğini sekiz buçuktan önce – dokuz olsa daha iyi ya – getirmemesini, çorbayı – varsa – sona bırakmasını, dolaptan peynirle kavunu sakın eksik etmemesini, akşam yemeği sırasında teypi fazla açmamasını – öğlen, açabilir tabii – bizlerle konuşurken «siz» demeye özen göstermesini – ya da *siz* der gibi davranmasını – öğretmekti. O kısa dönemde, her öğleüstü, saat birde çınarların altında oturur, gemiden kimlerimizin çıkacağını beklerlerdi.

davorspannen! Selbst mitten im Sommer kommt mal nachts ein starker Wind auf. Sie wissen: letztes Jahr hat sie sich recht erkältet. Ich weiß ja, daß es hier kein Glas zu kaufen gibt, wie weit man es herschaffen muß, aber... Und wenn sie diesen Sommer nicht kommt... Also bester Sinan Bey, wenn Sie Vorschuß wollen, bitte genieren Sie sich nicht...

Doch wir wußten, daß wir wieder kommen würden, in das Hotel, wo jeder Schlüssel alle Zimmertüren öffnete. (Necla Hanım, die uns verlassen und den letzten Sommer in einem anderen Feriengebiet verbracht hatte, würden wir auf keinen Fall verzeihen. Aber über so geschmacklose Dinge redeten wir kaum.) Wir glaubten auch nicht, daß Naşide Hanım und Burhan Bey, an den Tagen, die sie ohne uns verbrachten, über so etwas sprachen. Ihnen fiel an diesem Nachmittag die Aufgabe zu, Lokale zu entdecken, die neu eröffneten und verschiedene Gerichte anboten, (In der Köfte-Lokanta hinten bei der Mole soll es spät in der Nacht Kuttelsuppe geben) und die Gestorbenen und die Lebenden zu zählen ... (Haldun Bey hatte einen Herzanfall, den er zwar gut überstand, doch danach war er nicht mehr der Alte, deshalb war wohl auch sein Boot etwas heruntergekommen. Der Krämer Mustafa, Gott hab ihn selig, den Laden führt nun sein Sohn, ein ordentlicher Junge. Meister Mehmet hat den Star im Auge. Das Mädchen Ercan soll in einem Nachtlokal in Balıkesir arbeiten), die Händler mußte man erinnern, einen Vorrat an Schnaps und Zigaretten anzulegen, dem neuen Kellner mußte beigebracht werden, daß er das Abendessen nicht vor halb neun – besser erst um neun – bringen solle, daß er die Suppe – falls es Suppe gab – zuletzt bringen solle, daß er im Kühlschrank immer für ausreichend Käse und Honigmelone sorgen solle, daß er den Kassettenrecorder beim Abendessen nicht zu laut aufdrehen solle, – mittags kann er natürlich lauter aufdrehen – daß er sich bemühen solle, wenn er mit uns spräche, «Sie» zu sagen, oder sich wenigstens so zu betragen. In dieser kurzen Zeit, den paar Tagen unserer Ankunft, saßen wir jeden Nachmittag unter der Platane und paßten auf, wer von unserer Clique mit dem Schiff ankommen würde.

Yaz, Belkıs Hanım'ın gemiden inmesiyle başlardı. Onu uzun uzadıya betimlemek gereksiz. *Gilda* filmindeki Rita Hayworth'tu o. Tıpatıp. Yirmi yıldır yalnız yaşıyordu, otuz küsur yıldır da yazlarını bu otelde, aynı odada geçirmişti. Otelin gençlik günlerinde: kat telefonları çalışırken, oda servisi varken, yemek örtüleri kolalıyken, garsonlar ortalıkta dört dönüyorken.

Şimdiyse kat telefonları çalışmıyordu, örtüler lekeliydi, acemi bir gönüllü delikanlıdan başka garson yoktu, aşçı, kışlarını yatılı bir okulun yemekhanesinde çalışarak geçiren, yazın da o yemek düzenini sürdüren – tuhaf ama – bir Boluluydu. Belkıs Hanım da – ne tuhaf, diye düşünüyorduk – zamanla otele uymuştu sanki.

Üstüne bir gün geçirdiği yeşil basma entariyi her gün giyiyordu. Akşamları, gizli sözleşmemiz uyarınca, biz kadınlar özenle boyanıp giyinip akşamın ortak törenine hazırlandığımızda; biz erkekler, boyunbağı değil tabii ama günlük giyimimize ufak bir ayrıntı eklediğimizde, bize katılmıyordu. Basma giymiş bir Rita Hayworth'umuz olmasını yadırgıyorduk.

Belkıs Hanım, bağımsızlığına çok düşkündü, ne var ki son beş yılı, maddi güçlüklerden ötürü, Paris'te ataşelik yapan kardeşinin yanında geçirmek zorunda kalmıştı. Burhan Bey'in, «Size çok yakışan şu yeşil basmayı ne zaman çıkarıp bizleri hüzne garkedeceksiniz?» yolu şakasını, «Ben buraya giyinmemek, süslenmemek için geliyorum, yoksa neden geleyim?» diye yanıtlayıp ağzımızın payını vermekten geri kalmamıştı. O geceden sonra topluca onun bağımsızlığının kaynağını araştırmaya kalkıştık:

 Sabah yedide uyanıyordu – hiç sektirmeden.
 Sonra gününü kendi çizelgesine göre anlara

Der Sommer begann, wenn Belkıs Hanım dem Schiff entstieg. Es ist nicht nötig, sie genauer zu beschreiben. Sie war die Rita Hayworth aus dem Film *Gilda*. Haargenau. Seit zwanzig Jahren lebte sie allein, seit etwa dreißig verbrachte sie den Sommer in diesem Hotel, immer im selben Zimmer. Es begann in der «Jugendzeit» des Hotels: als die Etagentelefone noch funktionierten, als es noch einen Zimmerservice gab, die Tischdecken gestärkt waren und die Kellner herumflitzten. Doch heute funktionierten die Telefone nicht, die Tischdecken waren fleckig, und außer einem bemühten, aber ungelernten jungen Mann gab es keine Kellner. Der Koch, der den Winter in der Küche einer Internatsschule überbrückte, behielt im Sommer den Speiseplan von dort bei, seltsam, da er doch aus Bolu stammte, wo so viele gute Köche herkommen. Auch Belkıs Hanım hatte sich offenbar – was wir merkwürdig fanden – an das Hotel angepaßt. Ihr langes, weites Kleid aus grünem, bedruckten Baumwollstoff zog sie einmal an und trug es von da an jeden Tag. Abends, gemäß geheimem Abkommen, schminkten und kleideten wir Frauen uns sorgfältig und bereiteten uns so auf unser gemeinsames Zeremoniell vor; wir Männer der Gruppe trugen natürlich keine Krawatte, aber wir veränderten unsere Tageskleidung ein wenig mit kleiner Zutat. Belkıs Hanım machte das nicht mit. Wir fanden es immer befremdlich, eine in bedruckten Kattun gekleidete Rita Hayworth unter uns zu haben.

Bekıs Hanım war sehr auf ihre Unabhängigkeit bedacht, aber die letzten fünf Jahre hatte sie, wegen finanzieller Schwierigkeiten bei ihrem Bruder, der Attaché in Paris war, zubringen müssen. Der Scherz von Burhan Bey «Wann werden Sie das Ihnen so gut stehende grüne Kattunkleid ablegen und uns dadurch in Trauer stürzen?» hielt sie nicht davon ab, uns gehörig über den Mund zu fahren mit der Antwort «Ich komme hierher, um mich eben gerade nicht anzuziehen und herauszuputzen, weshalb denn wohl sonst?» Nach diesem Abend machten wir uns gemeinsam daran, die Quelle ihrer Unabhängigkeit zu untersuchen:

Sie erwachte früh um sieben – ausnahmslos Tag für Tag. Dann teilte sie sich den Tag nach eigenem Plan in kurze Ab-

bölüyordu. Kırk beş dakikalık bir yürüyüş, fırından çıkan taze pideyle kahvede bir kahvaltı, otelde bir kahve, denizde elli kulaç, sonra okumak, okumak, denize değil hep güneşe bakmak. Akşamüstü yeşil basma giysi, değerli, unutulmuş bir yüzük bir parmakta,

«Bir duble rakı Sinan Bey, sonra da bir tek, ama geç saatte. Kapıyı açsanız, duman doldu burası, boğulacağız, dumanaltı olduk.» Böyle özel sözcükler seçerdi; bizlerle, yani yaşadığı iklimle, sokaklarda, yabancı bir ülkede yaşasa bile bağlantısını koparmadığını gösteren sözcükler.

Bizler akşam-törenine yeni girerken, o yarım-pansiyon anlaşması uyarınca önüne getirilen yemekleri bitirmiş olurdu. Hepimizin kendimizi usul usul zehirlediğimiz bir ortamda tek sağlıklımız oydu. «Naşide Hanım baksanıza, Numan Bey ıstakoz almış bugün, hayret, nasılsa erken kalkabilmiş, ötekilere de dağıtsak, öteki masalara da, ne dersiniz? Sizler zaten bir şey yemiyorsunuz, ıstakoz da oldum bittim dokunur bana.»

Onun sağlığına bunca düşkünlüğü, bizler için biraz imrenme, biraz da alay konusuydu. Tek başına yaşamayı başaran kişilerin bencil olduklarına inanıyorduk nedense, bencil olmak zorunda kaldıklarına. Numan Beyin, «Otelimizin eli soğan, ağzı rakı kokmayan tek güzeli» övgüsü, Belkıs Hanım'ın bizim sofralarımıza uzun boylu katılmadığını, aşçı gidince ya da canımız çekince kolları sıvayıp mutfağa girdiğimizde, onun elini sıcak sudan soğuk suya sokmayışını eleştirmek amacını güdüyordu. Ama Belkıs Hanım, bu iğnelemenin yalnızca tatlı yanını benimsiyor, «güzel» sıfatını alıyor, yemek hazırlığında bizlere yardım etmek zorunda kalmamak için gerisini anlamamazlıktan geliyordu. Zekiydi. Bizim Rita'mızdı

schnitte ein. Einen Spaziergang von fünfundvierzig Minuten, dann Frühstück im Café mit Fladenbrot, das eben aus dem Ofen kam, einen Kaffee im Hotel, fünfzig Züge im Meer schwimmen, danach lesen, lesen, und nicht mehr zum Meer, nur noch in die Sonne schauen. Gegen Abend das grüne Kattunkleid und an einem Finger ein wertvoller, vergessener Ring. «Einen doppelten Rakı, Sinan Bey, und später einen einfachen, später am Abend. Würden Sie bitte die Tür etwas öffnen, hier ist ja alles voll Rauch, wir ersticken, wir sind ganz eingequalmt.» Sie wählte solche ausgefallenen Ausdrücke, um zu zeigen, daß ihre Verbindung zu uns, daß heißt zur Umgebung, zu den Straßen, durch die sie ging, nicht abgerissen war, auch wenn sie sich in einem fremden Land befand.

Wenn wir gerade erst am Beginn der Abendzeremonie waren, hatte sie, gemäß der Halbpensions-Vereinbarung, das Abendessen, das ihr vorgesetzt wurde, bereits verspeist. In einer Umgebung, in der wir uns alle langsam selber vergifteten, war sie die einzige Gesunde. «Naşide Hanım, schauen Sie doch, Numan Bey hat Hummer gekauft, wie seltsam, wie konnte er nur so früh vom Tisch aufstehen, wenn wir auch an die anderen etwas verteilen würden, auch an die anderen Tische, was meinen Sie? Sie essen doch ohnehin kaum etwas, und mir ist Hummer noch nie bekommen.»

Daß sie so sehr auf ihre Gesundheit achtete, war für uns Anlaß zu ein wenig Neid und ein wenig Spott. Wir glaubten, daß Leute, die es schafften, allein zu leben, Egoisten waren, daß sie gezwungen waren, Egoisten zu sein. Numan Beys Lob «die einzige Schöne unseres Hotels, deren Hand nicht nach Knoblauch, deren Mund nicht nach Rakı riecht» erfolgte nur mit der Absicht, zu kritisieren, daß Belkıs Hanım an unseren ausgedehnten Tafelrunden nicht so richtig teilnahm, daß sie, wenn wir mal die Ärmel hochkrempelten und in die Küche gingen, weil der Koch nicht da war oder wir einfach Lust hatten, jeder Arbeit auswich. Doch Belkıs Hanım nahm nur die nette Seite der Sticheleien wahr, für sie zählte nur «die Schöne»; um nicht beim Kochen helfen zu müssen, tat sie, als habe sie den Rest nicht verstanden. Sie war clever. Sie war unsere Rita, obwohl sie nur Druckkattun trug,

o, basmalar giyse de, aşevi yemeklerini iştahla yese de, kavunum gecikti diye tuttursa da, yabancı sigara bulamamaktan yakınsa da. Bizler, akşamüstleri çarşıdan sardalya ya da karides alırken, geceleri işkembe çorbası ya da dondurma aldırtırken, o, güzelliğiyle, eski-görkemiyle beslemiyor muydu bizi? Hele biz mantı açarken dudaklarındaki o çocuksu, iştahlı, sıla özlemi dolu gülümseyiş ne güzeldi...

Biz, önümüze getirilen yemeklere pek el sürmüyorduk ama kendimizden biri olarak gördüğümüz Sinan Bey'in yemediğimiz yemeklerin parasını almayacağını bildiğimizden, yer-gibi yapıyorduk. Her gece birimizin iştahlı görünmesi, yemekleri övmesi, sessizce kararlaştırılmış kurallardan biriydi. Kendi pişirdiğimiz yemeklerden yabancı masalara (Van'dan bir banka müdürüyle eşi ve üç çocukları, akşamları kırmızı şarap içen yeni evliler, kapının önünden geçerken, cızırtılı eski plaklarımızın, valslerimizin, tangolarımızın, fasıllarımızın sesine kapılanlar, Kastamonu'nun bir köyünde öğretmenlik yapan bir genç kız, İsveçli bir aile – yine çocuklarıyla) birer tabak göndermemiz de. Böylelikle, sıcak yaz gecelerinde kıyıdaki tentenin altında neden ayrı masalarda oturduğumuzu, geç saatlerde konyaklarımızı alıp neden denize birlikte yürüdüğümüzü, tanışmadan önce yıllardır unuttuğumuz gece-denizi alışkanlığını birlikte neden yeniden kazandığımızı, gece ikide ışıklar söndüğünde neden kapıyı kilitleyip taşlıkta bir süre oturduğumuzu, sonra birer şişe suyla odalarımıza gittiğimizi, gündoğusu eser esmez neden taşlığa sığırcıklar gibi üşüşüp aynı masanın çevresinde toplandığımızı, yani *onları* neden dışta tuttuğumuzu anlayışla karşılasınlar istiyorduk belki. Ama «bağışlanmak» sözcüğü bize uzaktı. Doğruyu söylemek gerekirse, çocukları da sevmi-

wenn sie das einfache Essen aus der Küche mit Appetit aß, wenn sie schalt, daß ihre Honigmelone nicht kam, oder sich beklagte, daß keine ausländischen Zigaretten aufzutreiben waren. Kauften wir gegen Abend auf dem Markt Sardinen oder Garnelen oder ließen wir spät abends Kuttelsuppe oder Eiskreme holen – zehrten wir dann nicht von ihrer Schönheit, ihrer angestaubten Pracht? Und machten wir Mantı, kleine gefüllte Teigtaschen – wie schön war dann das kindliche, gierige, die Heimat herbeisehnende Lächeln auf ihren Lippen!

Wir rührten das Essen, das uns aufgetischt wurde, kaum an, aber da wir wußten, daß Sinan Bey, den wir als einen von uns betrachteten, für das Essen, das wir nicht gegessen hatten, kein Geld nehmen würde, taten wir so, als äßen wir. Eines unserer ungeschriebenen Gesetze besagte, daß jeden Abend einer von uns großen Appetit zeigen und das Essen loben mußte. Von dem Essen, das wir selber kochten, schickten wir auch je einen Teller an die fremden Tische. (Da waren ein Bankdirektor aus Van mit Frau und drei Kindern, dann die Neuvermählten, die abends Rotwein tranken, dann die Leute, die am Tor vorbeigingen und von unseren kratzenden alten Platten mit Walzern, Tangos und klassischer türkischer Musik angelockt wurden, dann ein junges Mädchen, Lehrerin in einem Dorf in der Provinz Kastamonu, dann eine schwedische Familie, auch mit Kindern.) Auf diese Weise wollten wir vielleicht um Verständnis bitten, daß wir in den heißen Sommernächten unter dem Zeltdach am Ufer an verschiedenen Tischen saßen, zu später Stunde unseren Cognac nahmen und gemeinsam ans Meer gingen, daß wir die Gewohnheit nachts gemeinsam ans Meer zu gehen, die, bevor wir uns kennenlernten, jahrelang vergessen gewesen war, nun wiederentdeckt hatten, daß wir nachts um zwei, wenn die Lichter ausgingen, die Tür abschlossen und noch eine Weile in der Diele saßen und später jeder mit einer Flasche Wasser in unsere Zimmer gingen, und daß wir uns in aller Herrgottsfrühe in der Diele wie eine Herde fröstelnder Kälbchen um einen Tisch versammelten, und daß wir *sie* bei alledem ausschlossen. Doch «einlenken» kam für uns nicht in Frage. Um die Wahrheit zu sagen: wir mochten keine Kinder. Kinder, die wir

yorduk. Bizim sevdiğimiz – en azından benimsediğimiz – çocuklar, gürültü etmeyen, küçük yaşta olgunlaşmayı becermiş, ağırbaşlı çocuklardı – çocuk denebilirse onlara. Onlarla seve seve oynardık: Sinan Bey, tavla; Burhan Bey, domino; Naşide Hanım, piket; Çınar, okey. Ama yenilmeye çabalamadan, iki eşit birey olarak.

O ağustos sonunda bir gün, gemiden Çınar'ın inmesi – otel sahibinin yeğeniydi, eski garsonumuzdu, Libya'da çalışıyordu iki yıldır – hepimizi şaşırttı. Kucaklaştık. Bizi öylesine özlemiş ki dayanamamış, en çok da Haldun Bey otele her uğradığında açılan «mavi» tartışmasını: hangi uçuk maviden hangi koyuluğa uzanan deniz yelpazesi. Bunu anımsadığı anda, aklına deniz ve biz düşüyormuşuz. Karşı duramamış artık, atlayıp gelmiş. İyi ki bizler Libya'da değilmişiz, orada taşa tutulurmuşuz ve bir insanın taşlanarak, kanayarak öldüğünü görmek, inanalım ki, hiç de kolay değilmiş.

Oysa biz. Burhan Bey'le ressam Erdal'ı bekliyorduk o gün. Belki Numan Bey'in karısı ile kızı da – ama kesin değil, belki Günal ile Tülin. O gün otelde hamam yakıldığından, sıcak suyla yıkanmanın verdiği gevşeklik vardı üstümüzde. (Otelde sürekli sıcak su olmadığını belirtmek gerekiyor mu acaba?)

Burhan Bey, kiraları toplayacak, evin kış hazırlıklarına bir göz atacak, Erdal'ı Çiçek Pasajı'ndan kaldırıp gerekirse zorla buraya, bize getirecekti.

Gelgelelim gemiden Çınar'dan başka tanıdık inmedi. Nedense büyük bir yalnızlık duyduk.

Akşama doğru ince bir yağmur yağdı.

Çınar'ın gelişini kutlamak için yeni açılan mezeciden sucuk aldık, Belkıs Hanım'a da Marlboro aldık bakkaldan.

liebten – oder wenigstens ein bißchen mochten – machten keinen Lärm, sie hatten es geschafft, schon in jungen Jahren zu reifen, es waren ernste und gesetzte Kinder – wenn man sie noch Kinder nennen konnte. Mit solchen spielten wir immer sehr gern: Sinan Bey spielte Tavla, Burhan Bey Domino, Naşide Hanım Pikett und Çınar Okey. Nicht, um sich besiegen zu lassen, sondern wie mit Gleichgestellten.

An einem Tag Ende August waren wir alle verblüfft: Çınar – der Neffe des Hoteliers, unser alter Kellner, der seit zwei Jahren in Libyen arbeitete – war mit dem Schiff gekommen. Wir umarmten uns. Er hatte sich nach uns gesehnt, hatte es nicht mehr ausgehalten. Am meisten hatte er sich nach der «blauen Diskussion» gesehnt, die Haldun Bey bei jedem Besuch im Hotel eröffnete: Von welchem blassen bis zu welchem dunklen Blau reicht die Palette des Meeres? Beim Gedanken daran war ihm das Meer – und dabei waren wir ihm eingefallen. Er hatte nicht widerstehen können und sich aufgemacht. Gut, daß wir nicht in Libyen waren, dort würden wir gesteinigt; zuzusehen, wie einer gesteinigt wird, und verblutet, ist nicht angenehm, das wollen wir gern glauben.

Wir hatten an diesem Tag eigentlich auf Burhan Bey und den Maler Erdal gewartet. Vielleicht auch auf Numan Beys Frau und Tochter – und ganz unbestimmt vielleicht auf Günal und Tülin. An diesem Tag war nämlich das Bad im Hotel geheizt worden, und wir alle waren vom Waschen mit dem heißen Wasser noch matt und träge. (Muß man ausdrücklich erwähnen, daß es nicht ständig heißes Wasser im Hotel gab?)

Buran Bey wollte Mieten kassieren und ein Auge auf die Vorbereitungen seines Hauses für den Winter werfen, und er sollte Erdal aus den Kneipen der Çiçek-Passage loseisen und notfalls mit Gewalt hierher bringen.

Nun, leider kam keiner unserer Bekannten außer Çınar vom Schiff. Irgendwie empfanden wir große Einsamkeit.

Gegen Abend fiel leichter Regen.

Um Çınars Ankunft zu feiern, holten wir Knoblauchwurst aus dem Feinkost-Laden, der neu eröffnet hatte, und Belkıs Hanım brachten wir vom Krämer eine Packung Marlboro mit.

«Yarın gitmeyin n'olur,» dedi Naşide Hanım. Onunla bezik oynadık öğleden sonra, kahve içip fal baktık.

«Hiç değilse Burhan gelmeden gitmeyin,» dedi. «Yarın gelir. Mutlaka önemli bir işi çıkmıştır, yoksa beni bekletmez. Hep yanımdadır.

Eski kocam intihar ettiğinde – evet evet, bir bunalım sonucu, hep hastaydı, evet tabancayla – Burhan yanımda olmasa ne yapardım bilmem. O koskoca yalıda yapayalnız.»

Yağmurun tenteye vuruşunu duyuyor, leyleklerin göçe hazırlanışını gözlüyorduk. Gök, iyice kararmıştı.

Ercüment Kaptan, koca bir kesekâğıdıyla göründü uzaktan. Çınar'ın Libya'da özlediğini sandığı bir yiyecek almıştı besbelli, buzdalabına koyacaktı.

«Ben de eski kocamı hâlâ unutamamama içerliyorum,» dedi Belkıs Hanım. «Kabasabaydı ama severdim, herkes, sana yakışmıyor derdi ama ne tuhaf değil mi, beni fazla hanımefendi bulduğu için terkettiğini söylemişti.

O da. O zamanlar güzeldim. Hem de çirkince, orta halli bir kızcağız uğruna. Arasıra düşünüyorum da belki haklıydı. Sizce çok mu şeyim ben?»

Güzel gözleri hüzünlüydü.

«Siyah, sizi çok açmış,» dedik.

«Çınar'ın şerefine giyindim.»

«Sizi seslerinizden tanıyabiliyorum ancak,» dedi Mehmet Usta. «Körlüğün en kötü yanı, güzel kadınları görememek.

Eskiden bizim hanım kıskanırdı beni, şu yamaçlarda atla dolaştığım yıllarda. Yunan zamanında. Evde yarım şişe içirtmezdi. Şimdi körüm ya, dayıyor önüme şişeyi, uyuyabileyim diye. Artık neye yarar?»

«Ach fahrt doch morgen noch nicht», sagte Naşide Hanım. Wir hatten am Nachmittag Bésique mit ihr gespielt, einen Kaffee getrunken und uns aus dem Satz lesen lassen.

«Bleibt wenigstens, bis Burhan zurück ist», sagte sie. «Er kommt sicher morgen. Bestimmt ist ihm etwas Wichtiges dazwischen gekommen, denn er würde mich nicht warten lassen. Er ist immer bei mir. Wäre er nicht bei mir gewesen, als mein früherer Mann sich umgebracht hat – ja, als Folge einer schweren Krise, er war immer krank, ja, mit der Pistole – ich wüßte nicht, was ich gemacht hätte. Mutterseelenallein in dem riesigen Yalı.»

Wir hörten, wie der Regen auf das Sonnendach klopfte, und schauten den Störchen bei ihren Vorbereitungen für den Weiterflug zu. Der Himmel war ziemlich dunkel geworden.

Kapitän Ercüment erschien in der Ferne mit einer sehr großen Papiertüte. Er hatte bestimmt etwas zum Essen gekauft, wovon er glaubte, daß Çınar sich in Libyen danach gesehnt hatte, nun wollte er es in den Kühlschrank legen.

«Ich ärgere mich immer noch darüber, daß ich meinen früheren Mann nicht vergessen kann», sagte Belkıs Hanım. «Er war zwar roh und ungehobelt, aber ich habe ihn geliebt. Alle sagten, er paßt nicht zu dir, aber seltsam, nicht wahr: sie sagten, er habe mich verlassen, weil er mich zu vornehm fand. Das sagte auch er selber. Damals sah ich noch gut aus. Noch dazu wegen eines eher häßlichen Mädchens aus bescheidenen Verhältnissen. Manchmal denke ich, vielleicht hatte er recht. Jetzt denken Sie sicher, ich sei ganz schön... naja?»

Ihre schönen Augen waren traurig.

«Schwarz steht Ihnen sehr gut», sagten wir.

«Ich habe es Çınar zu Ehren angezogen.»

«Ich kann Sie jetzt an Ihren Stimmen erkennen», sagte Meister Mehmet. «Das Schlimmste am Blindsein ist, daß man die schönen Frauen nicht sehen kann. Früher war meine Frau eifersüchtig, in den Jahren, als ich über die Abhänge ritt – da drüben. Das war noch unter den Griechen. Zu Hause ließ sie mich nicht mal eine halbe Flasche trinken. Na, nun bin ich blind, da stellt sie mir die Flasche hin, damit ich schlafen kann. Aber was hat das jetzt noch für einen Sinn?»

«Yine de oğlun var, karın var usta, koluna girip buraya getiriyorlar seni, üstün başın da temiz, yalnızlık kolay mı sanıyorsun?» dedi Belkıs Hanım.

«Temiz mi üstüm başım?» dedi Mehmet Usta.

«Sizlerin adreslerinizi almamışım yine,» dedi Belkıs Hanım.

Kışın araşmayacağımızı bile bile adresler alıp verdik.

«Hava da soğudu birden,» dedi Numan Bey.

«Şöyle bir yağmur yağsa, dolu dolu,» dedi Naşide Hanım, «kapıları erkenden kilitlesek, bari yarın denize gitmek zorunda kalmasak.»

«Aber du hast doch einen Sohn und eine Frau, Meister. Sie nehmen dich am Arm und führen dich hierher, und du bist sauber und ordentlich angezogen. Oder glaubst du etwa, Alleinsein ist leicht?» sagte Belkıs Hanım.

«Sauber und ordentlich bin ich?» sagte Meister Mehmet.

«Ich habe Ihre Adressen wieder nicht aufgeschrieben», sagte Belkıs Hanım.

Obgleich wir wußten, daß wir im Winter keinen Kontakt miteinander haben würden, gaben wir ihr unsere Adressen.

«Es ist auch plötzlich kühler geworden», sagte Numan Bey.

«Wenn es doch nur mal so richtig kräftig regnen würde», sagte Naşide Hanım. «Wir würden die Türen in aller Frühe abschließen und müßten morgen nicht ans Meer gehen.»

Anmerkungen

Seite 67, Zeile 13
Ohne Genehmigung über Nacht errichtetes Haus, Hütte. Die Besitzer streben eine Legalisierung durch Eintragung in das Grundbuch an.

Seite 73, Zeile 17
Ehrerbietige Anrede und häufig gebrauchte Bezeichnung für Lehrer.

Seite 81, Zeile 3
Anspielung auf die aktuelle politische Situation. Einige hochrangige Politiker sind ehemalige Ingenieure.

Seite 103, Zeile 7
Ausgebildeter Geistlicher, sonst auch häufig allgemeine Bezeichnung für Lehrer.

Seite 103, Zeile 8
Zauberspruch, meist in arabischer Schrift, den man häufig auf einem dreieckig gefalteten Stück Papier als Amulett bei sich trägt.

Seite 119, Zeile 8 v. u.
Anspielung auf den Film «Der römische Frühling der Mrs. Stone» (The Roman Spring of Mrs. Stone) aus dem Jahre 1961, der nach einem Roman von Tennessee Williams gedreht wurde: Mrs. Stone verliebt sich in einen römischen Nichtstuer, der sich von älteren Damen aushalten läßt. Eine der Hauptrollen spielte Vivian Leigh.

Zu den Autoren

Ferit Edgü

Ferit Edgü, 1936 in Istanbul geboren, studierte am gleichen Ort an der Akademie der Schönen Künste. 1958 setzte er sein Studium (Keramik) in Paris fort. Anschließend widmete er sich an der Sorbonne dem Studium der Philosophie und der Kunstgeschichte. Nachdem er als Reserveoffizier als Lehrer in Hakkâri (Südost-Türkei) Dienst getan hatte (1967), ging er noch einmal für ein Jahr nach Paris. Nach Istanbul zurückgekehrt, gründete er den «Ada-Verlag». Seit 1952 veröffentlichte er vorwiegend Erzählungen in vielen führenden türkischen Literaturzeitschriften. Daneben übersetzte er literarische Werke und schrieb Artikel über Probleme der zeitgenössischen Kunst. Seit 1959 erschienen von Edgü fünf Bände mit Erzählungen, zwei Romane, zwei Essaybände und ein Band mit Gedichten. 1978 erhielt er den Sait-Faik-Preis für Erzählungen, 1979 den Preis für Essays der Türkischen Sprachkommission (TDK). Ferit Edgü ist Verfasser des Romans «O», nach dem der auch in der Bundesrepublik bekannte Film «Eine Saison in Hakkâri» gedreht wurde. Der Autor hält sich derzeit (1989/90) für ein Jahr als Stipendiat des DAAD (Deutscher Akademischer Austauschdienst) in Berlin auf. Die Erzählung «Uç düş/üş · Drei Träume, drei Stürze» ist dem Band Çiğlık (Istanbul 1982) entnommen.

Orhan Duru

Orhan Duru wurde 1933 in Istanbul geboren. Er studierte Tiermedizin in Ankara und arbeitete später als Assistent an der Veterinärmedizinischen Fakultät. Nachdem er aus politischen Gründen entlassen worden war, wandte er sich dem Journalismus zu, schrieb für verschiedene Zeitungen und ist heute Nachrichtenchef einer der größten türkischen Tageszeitungen. Seit 1953 veröffentlicht er Erzählungen in türkischen Kultur- und Literaturzeitschriften. Seit 1959 sind sechs Bände mit Erzählungen erschienen. Duru ist einer der wenigen türkischen Science-Fiction-Autoren. Die Erzählung

«Bin bir gecenin son gecesi · Die letzte von tausend und einer Nacht» stammt aus seinem 1989 erschienenen Erzählband «Şişe».

Feyza Hepçilingirler
Die Autorin stammt aus der Ägäis, sie wurde 1948 in Ayvalık geboren. Nach Abschluß des Gymnasiums in Izmir im Jahre 1966 nahm sie das Studium der Türkischen Sprach- und Literaturwissenschaften an der Istanbuler Universität auf. Danach war sie, ab 1970/71, zehn Jahre lang an verschiedenen Gymnasien in Izmir Lehrerin für türkische Literatur. Später war sie Lehrbeauftragte im Hochschulbereich, verlor jedoch 1984 aus politischen Gründen ihre Stelle. Feyza Hepçilingirler, die auch Kinderbücher und Stücke für das Jugendtheater schrieb, veröffentlichte bisher drei Bände mit Erzählungen. Für einen davon erhielt sie 1986 den Sait-Faik-Preis. Ihre Erzählung «Ne güzel ölmüştüm · Wie schön bin ich gestorben» ist in der Zeitschrift «Çağdaş Türk Dili» im Oktober 1989 erschienen.

Savaş Büke
Büke stammt aus der Schwarzmeerregion. 1942 in Zonguldak geboren, studierte er in Balıkesir und veröffentlichte seit 1961 in Zeitschriften humoristische und satirische Erzählungen. Von 1971 bis heute hat der Autor, der auch Kindergeschichten schreibt, seine Arbeiten in sieben Einzelbänden veröffentlichen können. Bei fünf literarischen Wettbewerben in der Türkei wurden seine Erzählungen mit Preisen ausgezeichnet. Die hier aufgenommene Erzählung «İlle de Radyo · Muß es unbedingt im Radio sein?» ist Januar 1989 in einer Zeitschrift erschienen.

Tezer Özlü (Tezer Kıral)
Tezer Özlü lebte in Istanbul, doch wurde sie 1943 in Simav, einem Landstädtchen im Westen Anatoliens geboren. Nach dem Besuch des österreichischen Mädchengymnasiums in Istanbul arbeitete sie als Dolmetscherin und Übersetzerin. Mehr als zehn Jahre wirkte sie entscheidend an der Gestaltung

des Programms des Goethe-Instituts (Türkisch-Deutsches Kulturinstitut) in Istanbul mit. Sie war mit dem Regisseur Erden Kıral (Eine Saison in Hakkâri) verheiratet. Seit 1963 veröffentlichte sie ihre Erzählungen in Literaturzeitschriften. Nach ihrem Erzählband «Eski Bahçe» (1978, 2. Aufl. 1988), erschien 1980 ihr Roman «Çoçukluğun soğuk geceleri» (Die kalten Nächte der Kindheit). Für den Roman «Auf den Spuren eines Selbstmords» erhielt sie 1982 den Literaturpreis der Stadt Marburg. Tezer Özlü starb 1986 in Zürich. Ihre Erzählung «Hayalet Oğuz · Unser schattenhafter Oguz» ist der Sammlung Eşki Bahçe. (Istanbul 1978, 2. Aufl. 1988) entnommen und war zuvor in der Zeitschrift Akzente, August 1981, erschienen.

Samim Kocagöz
Izmir und die Ägäis ist die Heimat von Samim Kocagöz. Dort wurde er 1916 geboren, in Izmir ging er zur Schule. Ab dem Jahre 1937 studierte er in Istanbul Türkische Sprach- und Literaturwissenschaft und von 1942 bis 1945 in Lausanne Kunstgeschichte. Erzählungen veröffentlicht er seit 1939 in allen führenden Literaturzeitschriften der Türkei. In realistischer Weise schildert er das Leben auf dem Lande und in den kleinen Städten. In den Romanen behandelt er die großen Probleme seines Landes, Klassenunterschiede, längst fällige Bodenreform u.a. Daneben erschienen auch Romane zum Thema «türkischer Befreiungskampf». 1950 erhielt Kocagöz den Erzählpreis der New Herald Tribune, außerdem viele türkische Literaturpreise. Die Erzählung «Bir Pazar Sabahı · An einem Sonntagmorgen» erschien in der Zeitschrift Çağdaş Türk Dili im Oktober 1988.

Erendiz Atasü
Erendiz Atasü lebt und arbeitet in Ankara, wo sie 1947 geboren wurde. Sie studierte Pharmacie und begann erst im Alter von 30 Jahren zu schreiben. Ihre erste Erzählung wurde 1981 veröffentlicht. Sie kam zum Schreiben, «weil ihr bewußt wurde, daß Frauen als gesellschaftliche Gruppe ausgegrenzt werden». Erendiz Atasü, die inzwischen drei Bände mit Er-

zählungen herausgebracht hat, setzt ihre literarische Arbeit fort und lehrt gleichzeitig weiter an der pharmazeutischen Fakultät in Ankara. Ihre Erzählung «Sessiz Ali · Der schweigsame Ali» ist dem 1983 erschienenen Band «Kadınlar da vardır» entnommen.

Nevzat Üstün
Im Jahre 1924 wurde Nevzat Üstün in Istanbul geboren. Schon ein Jahr nach dem Abschluß des Gymnasiums (1945) veröffentlichte er seinen ersten Gedichtband. Üstün, der eine Zeitlang in Frankreich lebte, war in den sechziger Jahren Kolumnenschreiber einiger Tageszeitungen und beteiligte sich an der Gründung und Herausgabe einer Reihe von Literaturzeitschriften. Seit 1946 veröffentlichte er sieben Gedicht- und sechs Erzählbände, sowie viele Reisebeschreibungen und Reportagen. Nach seinem Tod am 8. November 1979 stiftete seine Familie den «Nevzat-Üstün-Preis für Lyrik und Erzählungen», der seit 1980 verliehen wird. Die Erzählung «Akrep üretim çiftliği · Die Skorpion-Zuchtfarm» ist dem gleichnamigen, 1968 in Istanbul erschienenen Band entnommen.

Tomris Uyar
Tomris Uyar wurde 1941 in Istanbul geboren, sie besuchte dort ein amerikanisches Mädchen-College und studierte danach in Istanbul Journalismus. Ihre Erzählungen veröffentlicht sie in den führenden türkischen Literaturzeitschriften. Bisher sind acht Erzählbände erschienen. Den Sait-Faik-Preis gewann sie 1979 und 1987, zusätzlich erhielt sie für ihre Übersetzungen 1975 den Übersetzerpreis der Türkischen Sprachkommission (TDK). Tomris Uyar zählt zu den angesehensten und bekanntesten Autorinnen der Türkei. Die Erzählung «Ölen otelin müşterileri · Die Gäste des sterbenden Hotels» ist dem Band «Yaza yolculuk» (Istanbul 1987) entnommen.

Tan Oral
Der Karikaturist Oral ist 1937 in Merzifon/Schwarzmeerküste geboren. Nach dem Studium der Architektur an der Akademie

‹›r Schönen Künste in Istanbul (bis 1963) war er einige Jahre an der gleichen Hochschule Assistent. Erste Karikaturen veröffentlichte er ab 1957. Seitdem arbeitete er für viele türkische Zeitungen und Zeitschriften, teilweise auch als Redakteur der «Humor»-Seite. Er ist heute fast täglich mit seinen Arbeiten auf der letzten Seite der Istanbuler Tageszeitung Cumhuriyet vertreten.